THE KIDS' BOOK OF

Sudoku!

CHALLENGE
EDITION

Gareth Moore

Introduction, puzzles, and solutions
by Gareth Moore

Illustrations by Nikalas Catlow
Edited by Philippa Wingate
Designed by Angie Allison

Dr. Gareth Moore is the author of a wide range
of puzzle books for both children and adults.
He gained his PhD at Cambridge University in
the field of machine intelligence, later using his
experience in computer software research and
development to produce the first book
of Kakuro puzzles published in the UK.
He has a wide range of media interests and
also runs several websites, including the
online Sudoku site **www.dosudoku.com**.

Other titles by the same author:
The Kids' Book of Kakuro
The Kids' Book of Hanjie
The Kids' Book of Number Puzzles

THE KIDS' BOOK OF
Sudoku!
CHALLENGE
EDITION

Gareth Moore

New York London Toronto Sydney

An imprint of Simon & Schuster Children's Publishing Division
1230 Avenue of the Americas, New York, NY 10020

Puzzles and solutions copyright © 2006 by Gareth Moore
Compilation copyright © 2006 by Buster Books
Originally published in Great Britain in 2006 by Buster Books,
an imprint of Michael O'Mara Books Limited.

SIMON SCRIBBLES and associated colophon are trademarks
of Simon & Schuster, Inc.

Manufactured in the United States of America

First Edition

10 9 8 7 6 5 4 3 2 1

ISBN-13: 978-1-4169-4116-3
ISBN-10: 1-4169-4116-9

Contents

Are You A Sudoku Master?

Sudoku is a special kind of puzzle because it uses numbers, but there's no math involved. Every puzzle looks really similar, but each one is very different to play.

The rules of Sudoku can be written in a single sentence: **Complete the grid so that each row, column, and 3-by-3 box contains all of the numbers from 1 to 9.**

Here's a sample Sudoku puzzle grid:

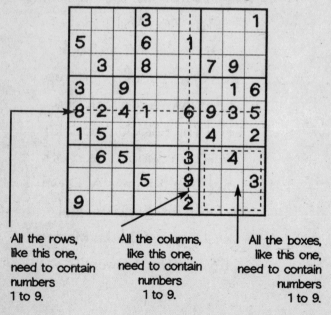

All the rows, like this one, need to contain numbers 1 to 9.

All the columns, like this one, need to contain numbers 1 to 9.

All the boxes, like this one, need to contain numbers 1 to 9.

Once you've finished a puzzle, every row, column, and box has to contain all the digits 1 to 9 **once only**, like the grid below:

4	8	2	3	9	7	6	5	1
5	9	7	6	4	1	3	2	8
6	3	1	8	2	5	7	9	4
3	7	9	2	5	4	8	1	6
8	2	4	1	7	6	9	3	5
1	5	6	9	3	8	4	7	2
2	6	5	7	8	3	1	4	9
7	4	8	5	1	9	2	6	3
9	1	3	4	6	2	5	8	7

Solving A Puzzle

Look at the middle square circled in this puzzle grid.

			3					1
5			6		1			
	3		8			7	9	
3		9					1	6
8	2	4	1	(7)	6	9	3	5
1	5					4		2
	6	5			3		4	
			5		9			3
9					2			

It is the only empty square in its row. In order to use all the numbers from 1 to 9 a 7 needs to be added as it is the only number missing. So you can fill it in.

As you can see from the example above, Sudoku is not about guessing—it's about eliminating the numbers that can't fit in and then placing those that remain.

Eliminating Numbers

Look at the shaded box on the left of the grid. Numbers 6 and 7 are missing. Can you work out where they go?

There is a 6 in this column already, so the 7 must go here.

			3					1
5			6		1			
	3		8			7	9	
3	7	9					1	6
8	2	4	1	7	6	9	3	5
1	5	6				4		2
	6	5			3		4	
			5		9			3
9					2			

Which means the 6 must go here.

Look at the second vertical column in the grid above. It already contains a 6, so you know you can't put a second 6 in this column. So you can write in the number 7. Finally add 6 in the bottom right-hand corner to complete the box.

9

You can do the same sort of thing with rows. Look at the shaded box on the right-hand side of the grid. Think about where the missing 7 must go. It can't go in the empty top square in the box because then there would be two 7s in that row. So it has to go at the bottom.

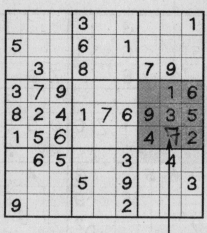

This is the only place the 7 can go.

Now only the number 8 is missing from the shaded box. So you can write it in the remaining empty square.

Eliminating Even More Numbers

You often need to think about how rows, columns, and boxes overlap when solving Sudoku puzzles. This isn't as hard as it might sound.

Here's the current state of the puzzle you have been tackling. Look at where the 3s are in the rows and columns that overlap in the shaded box. The dotted lines show the squares in the middle box that they eliminate. There's only one place left for a 3 in the middle box so you can write it in.

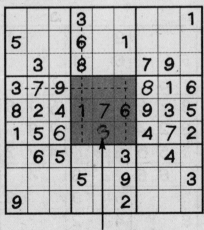

This is the only place the 3 can go.

Solving Level 4 Puzzles And Beyond

When you solve a puzzle from Level 4 or above, you might need to use a new tactic.

Look at the shaded box in the puzzle below. It is not obvious where the 2 must go. First work out all the possible numbers that can go in each of the empty squares and write them in as small numbers (as shown below). Then you will be able to see that only a single number can fit in one of the three squares. So you can write in the 2 in the top left-hand square of the box.

			3					1
5			6		1			
	3		8			7	9	
3	7	9	2	245	45	8	1	6
8	2	4	1	7	6	9	3	5
1	5	6	9	3	8	4	7	2
	6	5			3		4	
			5		9			3
9			4		2			

It's a good idea to use a pencil to write in small numbers as in the grid opposite. However, only try this tactic when you've tried everything else. If you do it too soon you'll make the puzzle really messy and hard to read, and more importantly you might be wasting your time!

Solving Level 6 Puzzles And Beyond

You've read the cover of this book—it says "Challenge Edition"—and the puzzles in Level 6 and above are just that—challenging! For complete success at this level you need to become a true Sudoku expert. There's just one more solving tactic that you need to practice.

Look at this puzzle:

			3					1
5			6	?	?			
	3	1	8			7	9	
3	7	9	2			8	1	6
8	2	4	1	7	6	9	3	5
1	5	6	9	3	8	4	7	2
	6	5	7	?	3		4	
			5	?	9			3
9			4	?	2			

Neither of the two shaded boxes has a 1. In each of the boxes the 1 can fit in any of the squares marked with a question mark.

Look at the shaded box at the bottom of
the grid on page 14. You don't yet know
exactly where the 1 goes in this box, but
you do know it must go somewhere in the
middle column as those are the only squares
free. This is really useful. You know that you
cannot repeat a number in a column, so
there cannot be a 1 in the middle column of
the top shaded box, since there has to be a
1 in the middle column of the bottom shaded
box. This means there is only one place left
to put the 1 in the top shaded box—in the
right-hand column. Write it in:

			3					1
5			6		1			
	3	1	8			7	9	
3	7	9	2			8	1	6
8	2	4	1	7	6	9	3	5
1	5	6	9	3	8	4	7	2
	6	5	7		3		4	
			5		9			3
9			4		2			

Armed with all these solving tactics, you
are now ready to solve each and every
one of the puzzles in this book.

More Tips And Tricks

• When starting to solve a puzzle look at the numbers that occur most often in the grid and see if you can work out where any more of them go.

• Look at the rows, columns, or boxes that have the most numbers already filled in. See if you can solve any more numbers in them.

• When you feel you have tried all the solving tactics mentioned in this book, go back and check again—you've probably missed something! For example, have you remembered to check not just the boxes but also the rows and the columns?

• Remember, you never need to guess. If you're guessing, you're doing something wrong.

• If you're really stuck, then take a quick look at the solutions and check you haven't gone wrong. You could try writing in some numbers to help you. And if you're still stuck, put the puzzle aside and try a different one, because you're bound to find some puzzles easier than others.

The Puzzles In This Book

There are 7 levels of puzzles in this
book, and the puzzles get harder as you
progress from level to level, so if you're
new to Sudoku then it's best to start
with Level 1.

Just one last thing—good luck!

Level One:
Sudoku Warm-up

Level One:

Sudoku Warm-up

Puzzle 1

3	5	8	7	9	2	1	6	4
6	4	7	1	8	3	9	5	2
2	9	1	4	5	6	8	3	7
9	8	3	2	6	5	4	7	1
4	2	5	3	1	7	6	8	9
1	7	6	8	4	9	5	2	3
5	6	2	9	7	4	3	1	8
7	1	9	6	3	8	2	4	5
8	3	4	5	2	1	7	9	6

The answers to this puzzle are on page 177.

9	1	8	7	2	4	3	6	5
5	3	4	8	6	9	2	1	7
2	7	6	1	5	3	8	9	4
7	8	5	9	4	6	1	3	2
4	9	3	2	7	1	6	5	8
1	6	2	5	3	8	4	7	9
8	4	1	6	9	5	7	2	3
3	2	9	4	1	7	5	8	6
6	5	7	3	8	2	9	4	1

The answers to this puzzle are on page 177.

20

Level One:
Sudoku Warm-up

Puzzle 3

4	7	9	1	5	6	2	8	3
2	8	1	9	3	7	5	4	6
6	5	3	2	4	8	1	9	7
9	6	2	5	7	1	8	3	4
8	1	4	6	2	3	7	5	9
7	3	5	8	9	4	6	2	1
3	9	6	7	8	5	4	1	2
1	4	8	3	6	2	9	7	5
5	2	7	4	1	9	3	6	8

The answers to this puzzle are on page 177.

	9			1				6
5	3	2	6	9	8	7	4	1
		1	7	4	2	9	3	
	4	9	8	7	1	6		
2	5	6		3		1	7	8
		8	5	2	6	4	9	
6	7	5	2	8	9	3	1	4
1	8	3	4	5		2	6	
9				6			8	

The answers to this
puzzle are on page 178.

Level One:
Sudoku Warm-up

Puzzle 5

7		5	8		1	2	9	4
8		6	4		3	5	7	
4				7	6			
6		8	5		2	7		9
2	5		7		9		4	6
1		9	6		8	3		5
		2	9					7
	8	4	1		6	9		2
9	6	7	3		4	1		8

The answers to this
puzzle are on page 178.

	3	7		2	6	5	4	9
4	9			5			6	
8	6		9	3			1	
3	4	1	5	6	7			
5			3		2			1
			1	9	8	4	5	3
	1			7	9		3	5
	5			1			2	6
2	7	3	6	8		1	9	

The answers to this
puzzle are on page 178.

24

Level One:
Sudoku Warm-up

Puzzle 7

2			6			4		
4		6	8	2	5	1	7	3
	7	5	3				2	9
	5	3	2		6		4	
	2		4		1		6	
	4		5		7	8	1	
3	1				2	7	8	
5	8	7	1	6	3	2		4
		2			8			1

The answers to this
puzzle are on page 179.

	4	9	8			5	3	6
1				9	5	4	2	8
	8		6	4	1			
			4	6				2
9	7	2	1		3	6	5	4
5			2	7				
		1	9	3		7		
4	2	5	6	1				9
3	9	7			8	2	6	

The answers to this
puzzle are on page 179.

Level One:
Sudoku Warm-up

Puzzle 9

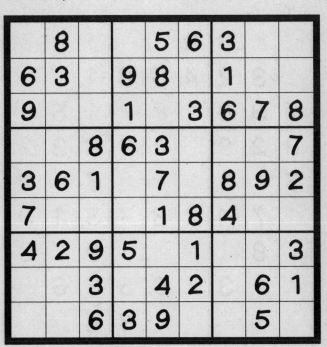

	8			5	6	3		
6	3		9	8		1		
9			1		3	6	7	8
		8	6	3				7
3	6	1		7		8	9	2
7				1	8	4		
4	2	9	5		1			3
		3		4	2		6	1
		6	3	9			5	

The answers to this puzzle are on page 179.

		6	9					
	3	2	4	5	8	1		
4	9	8					5	
8	2	9		1	7	6	3	
5		1				7		2
	7	4	2	8		5	1	9
	8					9	7	3
		3	7	9	5	8	6	
					3	4		

The answers to this
puzzle are on page 180.

Level Two:

Super Sudoku

Level Two:
Super Sudoku
Puzzle 11

					3	2	8	
2		6		9		7	5	3
		4		5		1		
	7	2		3	5	8	4	
5		3		8		6		1
	6	8	9	1		3	2	
		9		7		5		
6	2	7		4		9		8
	1	5	8					

The answers to this
puzzle are on page 180.

Level Two:

Super Sudoku

Puzzle 12

		7	9			6		2
		9				1		3	
	2			5	4		9	
	8	3			9	2	5	
4	7	2	8		5	3	6	9
	1	5	3			8	4	
	5		4	2			7	
	3		5			1		
2		6			7	4		

The answers to this puzzle are on page 180.

Super Sudoku

Puzzle 13

4			5	1	9			
8	7			6			4	1
	1			7	8	6		
3	2			5	4		7	8
			3		1			
9	4		7	8			5	3
		8	6	3			1	
6	3			4			8	5
			8	9	7			6

The answers to this puzzle are on page 181.

Level Two:

Super Sudoku

Puzzle 14

				3		4		9
			7	5	1	3		6
3			6	4	9			1
	2	5	3	8		9	6	4
8	4	7		1	6	2	3	
9			8	6	3			2
4		3	5	7	2			
5		2		9				

The answers to this
puzzle are on page 181.

Level Two:

Super Sudoku

Puzzle 15

4		8						5
5	9				4	3		8
	3	6			8	4	2	
9	8				5		3	7
6				7				1
2	7		3				4	6
	1	2	5			7	6	
3		5	1				8	2
7						1		3

The answers to this
puzzle are on page 181.

Level Two:

Super Sudoku

Puzzle 16

6		2						
						7		
		9	7	6	1	8	2	4
1	9		6		2	4		
2	5	4	3		7	6	8	9
		7	8		4		5	1
8	1	3	4	7	6	5		
		6						
						1		6

The answers to this puzzle are on page 182.

	6		4	5			9	3
					8	2	6	
				3	5	7	1	
			3	7				8
3	4	5	8		9	1	2	7
6				1	5			
8	3	6	5					
	1	4	9					
5	7			8	2		4	

The answers to this
puzzle are on page 182.

Level Two:

Super Sudoku

Puzzle 18

5	2		8		9	1		
		1	6		5			4
9	4						5	7
1							4	6
	6	9	4		7	5	1	
2	3							8
6	1						3	5
4			3		8	6		
		3	2		6		8	1

The answers to this
puzzle are on page 182.

Super Sudoku

Puzzle 19

		4	1		6	2		
3				9			7	4
6				3			1	5
2	4		9	8				7
		9	7		5	3		
7				1		4		2	9
1	8			4				2
9	6			5				3
		2	8		7	5		

The answers to this
puzzle are on page 183.

38

Level Two:

Super Sudoku

Puzzle 20

1		3	9	7		8		6
	9			2			3	1
8						7		
6				1		2		
3	8	9	4		2	6	1	7
		4		6				5
		6						3
7	5			3			4	
4		8		9	7	1		2

The answers to this
puzzle are on page 183.

Level Two:

Super Sudoku

Puzzle 21

3	4		2	7	6	1		8
7					9			6
	8	9						
			5		2		8	7
8	5	2				4	6	1
1	3		6		4			
						9	7	
4			9					2
2		8	1	4	7		3	5

The answers to this
puzzle are on page 183.

Level Two:

Super Sudoku

Puzzle 22

3	2	5		6	7	1	9	4
7	6	9			4	3	8	
6	9			2		4		
			7		8			
		3		5			1	2
	4	6	1			7	3	8
1	3	7	4	8		6	2	9

The answers to this
puzzle are on page 184.

Super Sudoku

Puzzle 23

4		8		2	1	9		
3		5		6			1	7
			4			2		6
7						3		
6	1	3	4		9	7	5	2
		9						1
1		4		7				
2	5			9		1		8
		7	6	1		5		9

The answers to this puzzle are on page 184.

Level Two:

Super Sudoku

Puzzle 24

	7	3		2		1		
	5			7	6			
9				1	8	7		
	8	6	7			4	5	
5		7	2		1	8		6
	4	2			5	9	1	
		9	6	8				3
			4	5			7	
		5		3		6	9	

The answers to this
puzzle are on page 184.

Super Sudoku

Puzzle 25

			1			5	
1		8		6			
9	8	2		3	7	6	1
4	9				5	2	
8		3	6	7	9		4
	2	1				3	6
5	6	9	2		1	7	3
		7		5			9
	4		3				

The answers to this
puzzle are on page 185.

Level Two:

Super Sudoku

Puzzle 26

	3		6	9		4	1	8
					3			7
9	8	4						2
		2			8		7	9
	7	9	4		5	1	2	
3	6		7			5		
6						2	3	1
2			9					
4	1	3		7	6		9	

The answers to this
puzzle are on page 185.

3		4	6					
2	8		4		5			
	7	6	8	1	3			
		3		7			9	
8	1	7	2		9	5	4	3
	4			5		2		
			5	8	6	9	1	
		9			1		2	5
					2	8		6

The answers to this puzzle are on page 185.

Level Two:

Super Sudoku

Puzzle 28

		6		4		8		
	5		6	3		2		
7		8	2	5	9	3		4
8			3		5		1	
5								7
	9		7		4			8
1		5	4	7	2	6		9
		9		1	6		4	
		7		8		1		

The answers to this
puzzle are on page 186.

8	7	6		3			9	
9			2		5			6
5		2		8	6		4	
		9	4	5	1			
				9				
			7	2	8	9		
	5		3	4		6		8
7			5		2			3
	4			1		2	5	9

The answers to this
puzzle are on page 186.

Level Two:

Super Sudoku

Puzzle 30

	6		8	3	9	5		1
8	5							
		3	6			2		
	4	8	2		3	9		
		2	5	6	4	7		
		6	7		8	3	4	
		9			6	4		
							2	6
6			5	1	4	7		3

The answers to this
puzzle are on page 186.

Super Sudoku

Puzzle 31

8				4	6			
			9	1		8	5	
1		9	5	7			4	6
	2							5
7	4		2	3	9		8	1
9						7		
5	1			6	3	9		8
	6	7		9	5			
			4	2				7

The answers to this
puzzle are on page 187.

Level Two:

Super Sudoku

Puzzle 32

1		5	8		4			7
8					6			
9	3	6	7					4
			1	7				
7	8	4	3	5	9	1	2	6
			4	8				
6					5	4	7	1
			9					5
2			4		7	3		8

The answers to this puzzle are on page 187.

1	9	6	7			8	2	3
	5	8					7		9
			9					
			8		9	4		6
	4	9		7		5	3	
6		2	5		3			
					8			
5		4				6	9	
3	6	7			5	2	4	8

The answers to this
puzzle are on page 187.

52

Level Two:

Super Sudoku

Puzzle 34

	4	2			3	7		
6	9		2		8		4	1
3	5			7				
2	1					9	5	8
				2				
7	6	9					3	4
				4			8	2
5	2		6		1		9	7
		4	5			6	1	

The answers to this puzzle are on page 188.

				1	7	9	4	3
		6	4				2	1
	1				9	6		
	4	2	5			3	6	
5				2				8
	9	7			6	1	5	
		9	8				1	
4	2				3	7		
7	8	1	9	5				

The answers to this
puzzle are on page 188.

Level Three:

Kickin'
Sudoku

Level Three:
Kickin' Sudoku

Puzzle 36

	7			8	2	9	3		
3							1	
6	5	2	3			4		
9	2	3	7			8	4	
	1	8			6	9	7	3
		5			4	2	8	9
		7						1
		6	1	3	8		5	

The answers to this
puzzle are on page 188.

Level Three:
Kickin' Sudoku

Puzzle 37

1			3				6	
3		7	4	9	5	1		
			6	2	1			3
6		3				2		
	4	8				6	1	
		1				9		4
7			5	4	3			
		9	8	1	2	7		6
	2				9			1

The answers to this
puzzle are on page 189.

Level Three:
Kickin' Sudoku

Puzzle 38

					6	2	7	
	6				2	5		4
1		2	4		5			6
	3				8		4	
8		1	9		7	6		3
	9		1				2	
3			2		4	7		9
2		9	6				3	
	4	6	7					

The answers to this puzzle are on page 189.

Level Three:
Kickin' Sudoku

Puzzle 39

							8	9
	8	2		3	4			
	6		4	8	2	3		
	1	5		9			6	3
	2	7				5	4	
4	6			8		9	1	
	3	4	8	7		1		
		9	5		1	8		
5	8							

The answers to this
puzzle are on page 189.

	3	7		1		4	9	8
		8	9	6	7	5	3	
			3			7		
		3						5
1	9						8	2
5						3		
		1			4			
	4	9	7	2	6	1		
3	6	2		5		8	7	

The answers to this
puzzle are on page 189.

Level Three:
Kickin' Sudoku

Puzzle 41

6			1	5	2	7		8
					8	5		
5	3		6				9	1
1	2	4						9
		7				8		
8						1	7	3
4	8				6		1	5
		3	4					
9		6	8	3	5			7

The answers to this
puzzle are on page 190.

Level Three:
Kickin' Sudoku

Puzzle 42

				7	5		9	2
				2			7		4
		3			9	8		1
3		8					4	7
2	7	4				5	8	6
6	9					1		3
8		7	2			6		
5		1		3				
9	3		7	5				

The answers to this
puzzle are on page 190.

Level Three:
Kickin' Sudoku

Puzzle 43

	3			8	1			
	4			7			1	5
1	8	2		5		7	9	3
			5	6				
8		1				5		6
				2	7			
6	9	7		1		3	4	5
	5	3		9			8	
			3	4			7	

The answers to this
puzzle are on page 190.

	3	2			1	8	9	4
5			9					2
		4			7	1	3	
				9			5	
1		6	8		5	9		7
	2			7				
	5	9	7			3		
4					9			8
2	7	3	6			5	4	

The answers to this
puzzle are on page 190.

Level Three:
Kickin' Sudoku

Puzzle 45

8				9				
		1				3		
		9	6	5	7			1
4		7	2	6	3		5	
2		3	1		9	7		8
	1		7	8	5	2		4
1			8	3	2	6		
		4				9		
			7					2

The answers to this
puzzle are on page 191.

6		5		8				
	3	8	9			1		4
1	9			3				
4			3	1	9			6
		9	5		8	3		
8			7	6	2			5
				2			1	3
3		1			4	7	5	
				7		8		9

The answers to this
puzzle are on page 191.

66

Level Three:
Kickin' Sudoku

Puzzle 47

		4	8	1			7	
2								4
		3	4			5	1	
	9	5		6		2		3
	4		9	2	3		8	
1		2		4		9	6	
	7	8			5	6		
3								9
	5			3	4	7		

The answers to this puzzle are on page 191.

Level Three:
Kickin' Sudoku

Puzzle 48

3	8		6				1	9
6	9		3	1				
			9				3	4
			8				2	
1		3	2	4	9	7		8
	7				1			
2	4				6			
				2	8		5	6
5	1				3		8	2

The answers to this
puzzle are on page 191.

Level Three:
Kickin' Sudoku

Puzzle 49

8		2		7	3			
9	4			1				
3							5	7
			4	3	9		8	5
2			7	8	5			6
5	8		1	6	2			
7	6							4
				5			7	9
			6	9		8		2

The answers to this
puzzle are on page 192.

	3		6		7	4		
8						1	5	
			5			2	3	6
		3	4		2	7	6	
			7	3	8			
	8	7	9		1	5		
5	9	6			3			
	2	4						1
		8	2		6		9	

The answers to this
puzzle are on page 192.

Level Three:
Kickin' Sudoku

Puzzle 51

7	6		8			4	1	5
	5			6				2
4				2				7
6	8				7			4
	3			9			6	
9			1				3	5
1				4				8
2				1			7	
	4	5	2		8		1	6

The answers to this
puzzle are on page 192.

					4			
	3	7		5	9	6		
4	9	8			6	5	7	
7	5				1			
1		4		7		9		2
			6				4	1
	2	1	5			8	9	6
		5	9	6		1	2	
			1					

The answers to this
puzzle are on page 192.

Level Three:
Kickin' Sudoku

Puzzle 53

	9		3					
	5					8		9
7			4	6	9		1	5
		5			6	7		1
	1	9		7		5	2	
3		8	5			6		
9	6		1	8	2			7
8		7					4	
					3		6	

The answers to this
puzzle are on page 193.

4	5		7			2		
		7	6	5	4		3	
		6	9				4	5
				3	2		1	
5				6				9
	7		8	9				
6	1				9	8		
	4		5	1	6	9		
		3			8		5	1

The answers to this
puzzle are on page 193.

Level Three:
Kickin' Sudoku

Puzzle 55

		3	8			6	5		7
	7	4	9	3					
8	2							3	
5	4	8						9	2
				4					
7	6						4	1	5
	1							6	4
				9	7	2	5		
2		7	4		3	1			

The answers to this
puzzle are on page 193.

8	9		3					5
		5	2	1				3
6		2					7	
7		3		4	1			8
9				3				1
2			5	9		7		6
	6					9		4
1				5	3	8		
5					4		1	7

The answers to this
puzzle are on page 193.

Level Three:
Kickin' Sudoku

Puzzle 57

	8	6	1	3				
	5	3					6	
9	1	4				2		
	2	5			4	9		8
1				9				5
8		9	7			1	2	
		2				8	1	6
	9					4	5	
			5	7	3	9		

The answers to this
puzzle are on page 194.

Level Three:
Kickin' Sudoku

Puzzle 58

			2			5		
2		1	9	7			8	6
	7	3				2		4
1				8			3	2
	6			2			1	
3	5			9				8
6		9				1	4	
7	2			6	9	8		3
		5			4			

The answers to this puzzle are on page 194.

Level Three:
Kickin' Sudoku

Puzzle 59

		3		8	5		7	
			9			2		5
	2	6			3		8	1
6		2					5	9
	5			9			2	
9	8					1		7
3	7		1			6	9	
4		9			7			
	1		6	5		7		

The answers to this
puzzle are on page 194.

				7	2	1	9	8
		1	8	9				4
	6			3			5	
	9	7			1			
		5	9	2	6	8		
			4				3	6
		8			4			7
4				6	8	9		
7	2	6	5	1				

The answers to this
puzzle are on page 194.

Level Four:
Sudoku Face-off

Sudoku Face-off

Puzzle 61

			4		2			
			5					1
		7		1			6	9
	2		6		4		3	
8	7		1	5	9		4	2
	1		3		8		7	
3	4			8		7		
2					6			
		1		9				

The answers to this puzzle are on page 195.

Level Four:
Sudoku Face-off

Puzzle 62

8		6		5		1		
3		5	4		1	6	9	
			7					4
							4	2
	5			3			6	
1	9							
5				8				
	6	1	2		3	8		5
		9		4		2		6

The answers to this puzzle are on page 195.

Sudoku Face-off

Puzzle 63

				7	9	8	5	
	8		4	1				9
	1						3	
	6				1	5	7	
		8	4	7				
	9	1	6				8	
	5						1	
3				9	6		4	
	2	9	3	5				

The answers to this puzzle are on page 195.

Level Four: Sudoku Face-off

Puzzle 64

7	8			3				
	6	1			4			
2		5			8			
9	5		4		3	1		
		2		1		9		
		7	9		6		3	8
			3			8		5
			2			7	6	
			8				1	2

The answers to this
puzzle are on page 195.

Puzzle 65

								1
5	2	9	8					3
8			6	9			2	
7	9				8	3		
	4			1			7	
		6	3				4	5
	7			3	4			8
1					5	4	9	6
9								

The answers to this
puzzle are on page 196.

Level Four:
Sudoku Face-off

Puzzle 66

4	8			6	7	1		
	1		9		8			
5				3	4		7	
2				9			8	1
7	9			5				4
	3		6	7				5
			4		3		6	
		1	2	8			9	7

> The answers to this
> puzzle are on page 196.

3	7		8			2		
				4				9
			2		1		6	5
7		9		1		6		3
			3		2			
8		4		5		1		7
5	6		1		9			
4				2				
		7			4		8	1

The answers to this
puzzle are on page 196.

Level Four:
Sudoku Face-off

Puzzle 68

			1	9			2	
7		5	3			8		
			7	6	8		4	
		3				6		5
9		6				1		2
5		8				9		
	6		9	2	3			
		9			1	2		3
	4			5	6			

The answers to this puzzle are on page 196.

	7	2						
		5		2	6			
9			8	3		4		5
2	3	6			9		8	
		4				3		
	1		2			9	6	7
1		3		6	8			9
			5	9		6		
						7	4	

The answers to this puzzle are on page 197.

Level Four:
Sudoku Face-off

Puzzle 70

	6	2			3	8	1	
				9	2	4	6	
		9			8			2
7	2							5
9								7
3							8	1
6			1			2		
	7	3	4	6				
	8	4	3			7	9	

The answers to this puzzle are on page 197.

1		2		6		8	4	7
	4				2	5		
5								
3		6			1		7	
	7		8		4		6	
	8		7			9		5
								9
		3	2				8	
4	2	9		8		6		3

The answers to this
puzzle are on page 197.

Level Four:
Sudoku Face-off

Puzzle 72

		7	6	8				
	1		3			5	8	
				1			2	3
1		4		6	9		3	
9								8
	8		2	7		9		5
7	3			2				
		9	7		6		5	
				5	3	2		

The answers to this puzzle are on page 197.

Sudoku Face-off

Puzzle 73

	4		6	5	1		3	9
		1	3	8				4
	2	5						
	8			9				
4			5		6			3
				1			4	
						4	7	
2			3	4	8			
9	1		8	7	5		6	

> The answers to this
> puzzle are on page 198.

Level Four:
Sudoku Face-off

Puzzle 74

						2		
	6	7	4			3		1
5			8			9	7	
			7			6	1	9
	1		3		9		2	
8	2	9			4			
	9	3			7			8
4			2			8	7	6
		8						

The answers to this puzzle are on page 198.

4		7	3	5				6
		4					3	8
			1	6	5			
		6				8		3
	6	4				9	1	
7		1			4			
	8	5	6					
1	5				8			
9				2	3	7		5

The answers to this
puzzle are on page 198.

Level Four:
Sudoku Face-off

Puzzle 76

					1		4	9
4				5				
		8	6	2	4		3	
	8		4				5	
5	3	7				2	6	4
	4				5		7	
	6		5	1	9	8		
				4				6
9	7		2					

The answers to this puzzle are on page 198.

Puzzle 77

	6	4	9	7		2		
	2	8			5	9		4
				2				5
				7	3	1	6
8	7	6	5					
2			7					
4		7	1			6	9	
		1		2	9	8	3	

The answers to this
puzzle are on page 199.

Level Four:
Sudoku Face-off

Puzzle 78

				9	3	8		1
1	8						6	
7	5				8	2		
	4		6				1	
	7		5				8	
	2		3		7			
	7	1					9	3
	1						2	6
6		5	2	4				

The answers to this
puzzle are on page 199.

	6		1					
3			6	7	9			
	2	1				7	3	
		8				5		7
1			8	3	5			4
4		9				3		
	4	5				1	7	
			9	5	7			3
				2		6		

The answers to this
puzzle are on page 199.

Level Four:
Sudoku Face-off

Puzzle 80

	1				5		8	
		7			6	9	4	2
		9	4				7	
			5	6		8		
			1	9	4			
		1		3	2			
	6			2	3			
8	4	9	6			3		
	3		4				5	

The answers to this
puzzle are on page 199.

Sudoku Face-off

Puzzle 81

			7	8	3			
8				4	2			
5		3	9					
		4		7			9	1
3	8			2			7	5
6	7			3		2		
					8	5		4
			6	5				9
			2	1	4			

The answers to this puzzle are on page 200.

Level Four:
Sudoku Face-off

Puzzle 82

4			7			6	8	9
		1			8			
	8	2	9					
	4	8						3
3	2			6			7	1
5						9	2	
					3	2	4	
		6				1		
6	5	3			1			7

> The answers to this
> puzzle are on page 200.

	1	3	8	9			6	5
	8				2	9		
2					1	4	3	
					7		4	
			2					
	6		1					
	4	8	2					1
		7	4				5	
9	3			6	5	8	2	

The answers to this
puzzle are on page 200.

Level Four:
Sudoku Face-off

Puzzle 84

		5				6		9
6	4				7			
9	7	8			6			
8				3	1			
	1		7	5	9		8	
			6	2				1
			1			9	2	8
			2				5	3
5		1				4		

The answers to this puzzle are on page 200.

						8	9	6
6			5				7	4
	9				6		1	5
							3	8
4	3			5			9	1
2	5							
9	2		7				8	
5	8				1			3
	4	6	8					

The answers to this puzzle are on page 201.

Level Four:
Sudoku Face-off

Puzzle 86

	8							7
5			9				4	
	1			4	6	5	8	
		7				6	1	5
		8		9		4		
2	6	3				9		
	9	4	7	8			5	
	7				5			9
8							3	

The answers to this
puzzle are on page 201.

Sudoku
Face-off

Puzzle 87

			7	3	4	1	5	
		8						
	4		9			7		
	3	1	8				4	9
	7			2			1	
5	8				9	6	3	
		9			2		8	
						4		
	5	7	1	4	6			

The answers to this
puzzle are on page 201.

108

Level Four: Sudoku Face-off

Puzzle 88

1			4					6
6			9	2		1		
		7			1	2	5	
	9	3					8	4
				8				
8	7					3	9	
	6	4	7			9		
		5		9	8			2
9					4			7

The answers to this puzzle are on page 201.

	2			7	4		6	
8		6	5					
9		4	1					
2	1				3	5		
		5		8		3		
		8	2				7	6
					7	6		1
					5	7		8
	5		3	1			4	

The answers to this
puzzle are on page 202.

Level Four:
Sudoku Face-off

Puzzle 90

							3	
			4	1	6			8
			5		7		9	1
7		1	6		8			2
	6			5		9		
8			3			4	1	7
3	7		2		5			
5			8	6	3			
	4							

The answers to this puzzle are on page 202.

Level Five:

Bananas At Dawn

Level Five:

Bananas At Dawn

Puzzle 91

				1		2		
		6	7		2		1	
			4		5	9		
					7			2
4	9	7				1	3	6
8			9					
		5	3		4			
	7		1		6	5		
		1		5				

The answers to this puzzle are on page 202.

7							3	4
		2				8		
9	5		6		8			
		6			3			
2	3		1		4		9	5
			7			2		
			2		9		5	6
		9				7		
5	4							1

The answers to this
puzzle are on page 203.

114

Level Five:

Bananas At Dawn

Puzzle 93

		7	6		1	3		
	4							
6	9					1	4	
1				3		9	8	
			8		4			
	3	4		5				1
	2	9				7	6	
						2		
		8	2		7	5		

The answers to this puzzle are on page 203.

Level Five:

Bananas At Dawn

Puzzle 94

	8					4		
		6	9	5				
4	3							1
			1	4	3			
7	1		5		6		9	4
			8	9	7			
2							8	5
				6	9	3		
		7					1	

The answers to this
puzzle are on page 203.

116

Level Five:

Bananas At Dawn

Puzzle 95

		3	4					
5	2	7	8	9				
1				3				8
			9					7
3		2				5		4
8					1			
7			8					2
			5	7	8	1	3	
				9	7			

The answers to this
puzzle are on page 204.

Bananas At Dawn

Puzzle 96

	5			2	4		1	
8			1		3		2	
3								6
				4		1	8	5
				9				
5	3	2		8				
7								3
	1		2		6			9
	8		7	3			6	

The answers to this
puzzle are on page 204.

Level Five:

Bananas At Dawn

Puzzle 97

4					3			
	6		2	8				
3		1		9			2	5
5				2		3		
		8	4	9				
	9			7				2
9	1			3		6		8
				5	8		3	
			4					7

The answers to this
puzzle are on page 204.

Bananas At Dawn

Puzzle 98

						9	2	
	7					1		3
8			5			1	4	
		9		5	7	2		
			6	2	4			
		6	3	1		7		
	8	7			2			6
4			9				3	
	2	5						

The answers to this
puzzle are on page 205.

Level Five:

Bananas At Dawn

Puzzle 99

4		7					3	9
	3	9						6
6			8	4				1
				7		1	8	
				6				
	5	8		3				
3				1	2			8
2					6	5		
5	8					2		3

The answers to this puzzle are on page 205.

5			9		4			
2			6			3		
8	3	9	1					
	6				8			
9			2	4	6			5
			3				7	
					3	5	6	9
		4			1			8
			8		7			2

The answers to this
puzzle are on page 205.

Level Five:

Bananas At Dawn

Puzzle 101

6						1		
				2			3	5
		3	8		9			
	1	7			9	2		
8			7	4	6			1
	5	8				7	9	
	6		1	4				
7	3		2					
	1						2	

The answers to this puzzle are on page 206.

	4				3		2	
			6					
6		2		9	1	3		
9	3		4			5		
4				5				6
		1			9		8	4
		8	2	4		1		5
					8			
	7		9				6	

The answers to this
puzzle are on page 206.

Level Five:
Bananas At Dawn
Puzzle 103

	8				2	7		3	
3		4			5				
		1	9						2
		5	1						
9				4	7	2			5
						3	7		
1					8	9			
					1		3		7
	3			7	9			5	

The answers to this puzzle are on page 206.

Bananas At Dawn

Puzzle 104

8				2	3	5	6	
			8		1			
		6	5				9	
		7					8	4
	5			8			7	
1	9					3		
	2				7	6		
			6		9			
	4	5	2	1				7

The answers to this puzzle are on page 207.

Level Five:

Bananas At Dawn

Puzzle 105

	1	7			4			
	2	4		7	1	3		8
			6					
3				2				
5			3	8	9			6
			4					7
			9					
7		3	8	4		1	6	
			1			9	7	

The answers to this puzzle are on page 207.

Bananas At Dawn

Puzzle 106

	2	7	8					4
1				6			8	2
6								
		4					5	7
		5	7		1	8		
7	3					9		
								8
9	5			3				6
3				6	5	2		

The answers to this puzzle are on page 207.

Level Five:

Bananas At Dawn

Puzzle 107

	1		3	9		7		
	5		1					4
4					5			2
8								9
	9	4				8	2	
7								3
9			4					5
2					7		3	
		1		2	9		7	

The answers to this puzzle are on page 208.

2			4	5			7	
	9	1						
					2	6	4	9
	8		1					
5		7				1		4
				5			3	
8	6	5	2					
						5	9	
	4			7	8			6

The answers to this
puzzle are on page 208.

Level Five:

Bananas At Dawn

Puzzle 109

7		1			4			
3			9			5	4	
			5					8
	1					2		7
8			1		5			4
4		7					8	
5				3				
	4	6			9			2
			7			8		1

The answers to this puzzle are on page 208.

Bananas At Dawn

Puzzle 110

7			2					
4	6						8	
					3	4	2	1
2	8			5	6			
		7				5		
			1	8			9	6
8	2	5	7					
	9						3	2
					1			4

The answers to this
puzzle are on page 209.

Level Five:

Bananas At Dawn

Puzzle 111

				9	5		2	
	3	5	1			9		
4							6	
				3		4	9	
6			8		7			5
	1	7	9					
	5							8
		2			1	7	3	
	4		7	6				

The answers to this puzzle are on page 209.

Bananas At Dawn

Puzzle 112

5		7	8					1
					6		2	
	3	4	7					
2			5			1	9	
			1		2			
	5	1			3			4
					9	8	5	
	6		4					
1					8	3		6

The answers to this
puzzle are on page 209.

Level Five:

Bananas At Dawn

Puzzle 113

	8	9	3					4	
		6		5		8			
	3		4			7	5		
		2		1					
		9		5					
			7		5				
	4	3			1		7		
	7		9		3				
	1			6	2	8			

The answers to this
puzzle are on page 210.

Bananas At Dawn

Puzzle 114

7			5		2		9	
				9	8			
		5		1				6
1	4	2				3	5	
	3	7				6	8	2
4				8		2		
			4	2				
	8		1		9			3

The answers to this
puzzle are on page 210.

Bananas At Dawn

Puzzle 115

							9	5
			1					7
	7			3		4		1
		1		9		6		8
	2		6		5		1	
8		4		7		3		
5		3		1		8		
9				4				
6	1							

The answers to this
puzzle are on page 210.

137

			6				9	
	7	1	3				5	8
2			7			6		
			8			2		
3			5		6			7
		7			4			
		4			5			1
7	1				9	3	6	
	8				7			

The answers to this
puzzle are on page 211.

Level Five:

Bananas At Dawn

Puzzle 117

1				4				
3	2				9	8		1
		5					9	
7		8			4	6		
			3		5			
		9	1			4		2
	7					1		
5		4	6				3	9
			9					7

The answers to this puzzle are on page 211.

Bananas At Dawn

Puzzle 118

	8							
			5	7	6			4
		4				6	1	9
9			1				7	6
6								8
8	2				7			5
3	7	9				4		
5			4	9	1			
							5	

The answers to this
puzzle are on page 211.

Level Five:

Bananas At Dawn

Puzzle 119

4			5	2	7			
		8	3			7		
3			4				5	9
5	1						7	
	7						2	6
2	9				1			8
		1			2	4		
			8	3	9			5

The answers to this puzzle are on page 212.

Level Five:

Bananas At Dawn

Puzzle 120

		8		3		4		
	9						8	1
		5	7					
	8	6	9					5
		7	4		8	3		
1					6	2	7	
					2	5		
5		1						9
		3		7		6		

The answers to this
puzzle are on page 212.

Level Six:

Sudoku
Duel

7		9	3					
4	5				7		6	9
1		4		5			2	
	7			8			4	
	9			4		1		7
2	3		8				1	6
				4	7			3

The answers to this
puzzle are on page 212.

Level Six:
Sudoku Duel

Puzzle 122

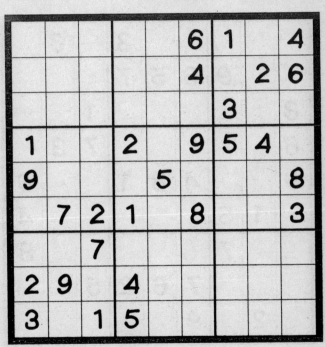

					6	1		4
					4		2	6
					3			
1			2		9	5	4	
9				5				8
	7	2	1		8			3
	7							
2	9		4					
3		1	5					

The answers to this puzzle are on page 213.

					3		6	
		9	6	5	7			
8						1		
6						7	3	
9			4	8	1			6
	1	5						4
		7						8
			7	6	2	5		
	2		9					

The answers to this
puzzle are on page 213.

Level Six:
Sudoku Duel

Puzzle 124

	2							1
		8	7				3	
1		7			9		8	
				2	4	3	6	
				8				
	6	4	5	7				
	4		6			1		2
	3				7	8		
5							7	

The answers to this
puzzle are on page 213.

3	7	5						
			9	2	6			
		2						
7		3		1				2
5			7		9			8
9				8		3		4
						5		
			5	9	1			
						6	4	9

The answers to this puzzle are on page 214.

Level Six:
Sudoku Duel

Puzzle 126

	1	4	8		2			
5						6		
9				4	7			
	4			5			1	
	6						9	
	9			1			2	
		9	8					2
	1							9
		1		3	5	8		

The answers to this puzzle are on page 214.

9	8	4	1					
		6	9	7		8		
			2					
			4				5	3
		8				9		
7	4				3			
			5					
		1		9	6	2		
				1	5	7	9	

The answers to this
puzzle are on page 214.

Sudoku Duel

Puzzle 128

					5	4		
8	3					9		1
				6		7		
	4		9		7			
1		6		7				9
	7		8		2			
5		2						
7		8					5	4
	6	3						

The answers to this
puzzle are on page 215.

	9			5		6		
3			7				5	
2								8
				4	6			3
1		9				4		2
8			9	1				
4								9
	7				1			6
		1		3			7	

The answers to this puzzle are on page 215.

Level Six:
Sudoku Duel

Puzzle 130

	6		3	7		4		
	4						8	
	7				2			1
5						8		9
		7		3				
8		1						6
7			2			6		
	1					5		
	4		5	6		3		

The answers to this
puzzle are on page 215.

						3		
	6		9			8		
		3		1		9	4	7
5			8	9				
	7						9	
				3	5			4
2	9	1		4		6		
		5			8		2	
		6						

The answers to this
puzzle are on page 216.

Level Six:
Sudoku Duel

Puzzle 132

				7	3			9
				4		8		1
4	6						7	
		9	3					2
1								7
8					5	1		
	2						4	5
9		6		2				
5			9	3				

The answers to this puzzle are on page 216.

	9	4						7
7					5			8
6					1			
		9	6	3		4		
		2				3		
		5		8	7	1		
			3					2
3			4					1
2						8	4	

The answers to this
puzzle are on page 216.

Puzzle 134

		9	5					4
	8				7	3		
	5	6			1			
8						5		7
	7						4	
4		1						2
		8				4	3	
	3	1					5	
1				2	7			

The answers to this
puzzle are on page 217.

Sudoku Duel

Puzzle 135

	6		8	3				
	4				7	2		
3		9	5					
		5					1	2
		6				9		
2	1					8		
				9	3			1
		3	7				8	
			5	8		6		

The answers to this
puzzle are on page 217.

Level Six:
Sudoku Duel

Puzzle 136

	7				4			9
8		2						4
	3						8	
4		8	7			2		
			1		6			
		9			5	3		6
	4						5	
5						1		3
1			5				9	

> The answers to this
> puzzle are on page 217.

Sudoku Duel

Puzzle 137

	5	4		9	7		2	
	3	1			8			5
	2			1			3	
		9					4	
	1			6			9	
5			3			2	7	
	9		6	7		5	1	

The answers to this
puzzle are on page 218.

Level Six:
Sudoku Duel

Puzzle 138

8			4	7				
	1			5	2			
	4			6		1		
4							3	5
	3						7	
7	6							2
		2		3			8	
		9		1			4	
				2	7			9

The answers to this
puzzle are on page 218.

Sudoku Duel

Puzzle 139

			4			2	7	
1					5			
		6		1				8
6			2		3		9	
		8				3		
	2		7		9			4
8				9		7		
			1					6
	5	1			2			

The answers to this
puzzle are on page 218.

Level Six:
Sudoku Duel

Puzzle 140

	7	6						
	9			3	7	1		
	3	4	6					
	5		4					3
		1		6				
7				3		9		
				4	5	1		
	9	2	5			7		
					3	4		

The answers to this puzzle are on page 219.

Level Seven:

Sudoku Master

Level Seven:
Sudoku
Master

Puzzle 141

1		9						
		5	3					2
				1	4			7
	3					8	6	
	7			8			2	
	4	5					9	
7		4	3					
2				1	5			
						1		3

The answers to this
puzzle are on page 219.

	9				5			6
			8			7		
		6					8	
7		3			9			4
	1			4		8		
9			3			1		2
	2				1			
		4		2				
3			4				6	

The answers to this
puzzle are on page 219.

Level Seven:
Sudoku
Master

Puzzle 143

3			4		6		7	
4							3	
			1				8	2
	5				4			3
			9					
9			7				5	
2	8		5					
	7							1
	1		3		8			4

The answers to this
puzzle are on page 220.

		9	2			1		
							4	9
6							8	7
				7			5	1
		6		9		4		
3	4			6				
2	9							5
7	8							
		5			1	8		

The answers to this
puzzle are on page 220.

Sudoku Master

Puzzle 145

	5	6		1	7	4		
	8							2
1				6				
		9		1				7
				8				
8			5		4			
				2				3
4							8	
		3	7	5		6	1	

The answers to this puzzle are on page 220.

				2				
		6	9					4
3	1		5				8	
		2	1				9	
		8		6		3		
	6				7	8		
	8				6		1	9
5					9	7		
				3				

The answers to this
puzzle are on page 221.

Level Seven:
Sudoku Master

Puzzle 147

		1	6				8	7
2	9							
5				4	1			
			9			7		
	4						6	
		6			8			
		8	5					1
							7	2
1	7				2	9		

The answers to this
puzzle are on page 221.

4				3	9			
2			5				4	
		9					1	
6	8			5		4		
		5		9			3	2
	1					8		
	4				2			3
		7	1					6

The answers to this
puzzle are on page 221.

Level Seven:
Sudoku Master

Puzzle 149

	1					7	
						2	1
6			1	8	9		
8	1	7	6				
				2	5	1	3
	3	8	9				5
7	4						
	6			8			

The answers to this
puzzle are on page 222.

						5	9	4	
8		1						7
5								
7		9	6	8				
	4						6	
				2	1	3		9
								8
1							7	2
	5	2	3					

The answers to this
puzzle are on page 222.

Level Seven:
Sudoku Master

Puzzle 151

8	6			4	1			
	7		9			5		
								4
						9		8
	4	5				1	2	
3		1						
1								
		4			3		8	
			2	1			6	3

The answers to this
puzzle are on page 222.

All The
Answers

Puzzle 1

3	5	8	7	9	2	1	6	4
6	4	7	1	8	3	9	5	2
2	9	1	4	5	6	8	3	7
9	8	3	2	6	5	4	7	1
4	2	5	3	1	7	6	8	9
1	7	6	8	4	9	5	2	3
5	6	2	9	7	4	3	1	8
7	1	9	6	3	8	2	4	5
8	3	4	5	2	1	7	9	6

puzzle 1

puzzle 2

Puzzle 2

9	1	8	7	2	4	3	6	5
5	3	4	8	6	9	2	1	7
2	7	6	1	5	3	8	9	4
7	8	5	9	4	6	1	3	2
4	9	3	2	7	1	6	5	8
1	6	2	5	3	8	4	7	9
8	4	1	6	9	5	7	2	3
3	2	9	4	1	7	5	8	6
6	5	7	3	8	2	9	4	1

Puzzle 3

4	7	9	1	5	6	2	8	3
2	8	1	9	3	7	5	4	6
6	5	3	2	4	8	1	9	7
9	6	2	5	7	1	8	3	4
8	1	4	6	2	3	7	5	9
7	3	5	8	9	4	6	2	1
3	9	6	7	8	5	4	1	2
1	4	8	3	6	2	9	7	5
5	2	7	4	1	9	3	6	8

puzzle 3

4	9	7	3	1	5	8	2	6
5	3	2	6	9	8	7	4	1
8	6	1	7	4	2	9	3	5
3	4	9	8	7	1	6	5	2
2	5	6	9	3	4	1	7	8
7	1	8	5	2	6	4	9	3
6	7	5	2	8	9	3	1	4
1	8	3	4	5	7	2	6	9
9	2	4	1	6	3	5	8	7

puzzle 4

puzzle 5

7	3	5	8	6	1	2	9	4
8	2	6	4	9	3	5	7	1
4	9	1	2	5	7	6	8	3
6	4	8	5	3	2	7	1	9
2	5	3	7	1	9	8	4	6
1	7	9	6	4	8	3	2	5
3	1	2	9	8	5	4	6	7
5	8	4	1	7	6	9	3	2
9	6	7	3	2	4	1	5	8

1	3	7	8	2	6	5	4	9
4	9	2	7	5	1	3	6	8
8	6	5	9	3	4	2	1	7
3	4	1	5	6	7	9	8	2
5	8	9	3	4	2	6	7	1
7	2	6	1	9	8	4	5	3
6	1	4	2	7	9	8	3	5
9	5	8	4	1	3	7	2	6
2	7	3	6	8	5	1	9	4

puzzle 6

puzzle 7

2	3	1	6	7	9	4	5	8
4	9	6	8	2	5	1	7	3
8	7	5	3	1	4	6	2	9
1	5	3	2	8	6	9	4	7
7	2	8	4	9	1	3	6	5
6	4	9	5	3	7	8	1	2
3	1	4	9	5	2	7	8	6
5	8	7	1	6	3	2	9	4
9	6	2	7	4	8	5	3	1

puzzle 8

7	4	9	8	2	1	5	3	6
1	3	6	7	9	5	4	2	8
2	5	8	3	6	4	1	9	7
8	1	3	5	4	6	9	7	2
9	7	2	1	8	3	6	5	4
5	6	4	2	7	9	8	1	3
6	8	1	9	3	2	7	4	5
4	2	5	6	1	7	3	8	9
3	9	7	4	5	8	2	6	1

puzzle 9

1	8	2	7	5	6	3	4	9
6	3	7	9	8	4	1	2	5
9	5	4	1	2	3	6	7	8
2	4	8	6	3	9	5	1	7
3	6	1	4	7	5	8	9	2
7	9	5	2	1	8	4	3	6
4	2	9	5	6	1	7	8	3
5	7	3	8	4	2	9	6	1
8	1	6	3	9	7	2	5	4

Puzzle 10:

1	5	6	9	7	2	3	4	8
7	3	2	4	5	8	1	9	6
4	9	8	6	3	1	2	5	7
8	2	9	5	1	7	6	3	4
5	6	1	3	4	9	7	8	2
3	7	4	2	8	6	5	1	9
6	8	5	1	2	4	9	7	3
2	4	3	7	9	5	8	6	1
9	1	7	8	6	3	4	2	5

puzzle 10

puzzle 11

Puzzle 11:

9	5	1	7	6	3	2	8	4
2	8	6	1	9	4	7	5	3
7	3	4	2	5	8	1	9	6
1	7	2	6	3	5	8	4	9
5	9	3	4	8	2	6	7	1
4	6	8	9	1	7	3	2	5
8	4	9	3	7	6	5	1	2
6	2	7	5	4	1	9	3	8
3	1	5	8	2	9	4	6	7

Puzzle 12:

5	4	7	9	8	3	6	1	2
8	6	9	2	7	1	5	3	4
3	2	1	6	5	4	7	9	8
6	8	3	7	4	9	2	5	1
4	7	2	8	1	5	3	6	9
9	1	5	3	6	2	8	4	7
1	5	8	4	2	6	9	7	3
7	3	4	5	9	8	1	2	6
2	9	6	1	3	7	4	8	5

puzzle 12

puzzle 13

4	6	2	5	1	9	8	3	7
8	7	9	2	6	3	5	4	1
5	1	3	4	7	8	6	9	2
3	2	6	9	5	4	1	7	8
7	8	5	3	2	1	4	6	9
9	4	1	7	8	6	2	5	3
2	9	8	6	3	5	7	1	4
6	3	7	1	4	2	9	8	5
1	5	4	8	9	7	3	2	6

puzzle 14

7	1	6	2	3	8	4	5	9
2	9	4	7	5	1	3	8	6
3	5	8	6	4	9	7	2	1
1	2	5	3	8	7	9	6	4
6	3	9	4	2	5	8	1	7
8	4	7	9	1	6	2	3	5
9	7	1	8	6	3	5	4	2
4	6	3	5	7	2	1	9	8
5	8	2	1	9	4	6	7	3

puzzle 15

4	2	8	9	3	1	6	7	5
5	9	7	2	6	4	3	1	8
1	3	6	7	5	8	4	2	9
9	8	4	6	1	5	2	3	7
6	5	3	4	7	2	8	9	1
2	7	1	3	8	9	5	4	6
8	1	2	5	9	3	7	6	4
3	6	5	1	4	7	9	8	2
7	4	9	8	2	6	1	5	3

puzzle 16

6	7	2	5	4	8	9	1	3
4	8	1	2	3	9	7	6	5
5	3	9	7	6	1	8	2	4
1	9	8	6	5	2	4	3	7
2	5	4	3	1	7	6	8	9
3	6	7	8	9	4	2	5	1
8	1	3	4	7	6	5	9	2
9	4	6	1	2	5	3	7	8
7	2	5	9	8	3	1	4	6

puzzle 17

7	6	2	4	5	1	8	9	3
1	5	3	7	9	8	2	6	4
4	9	8	6	2	3	5	7	1
9	2	1	3	7	4	6	5	8
3	4	5	8	6	9	1	2	7
6	8	7	2	1	5	4	3	9
8	3	6	5	4	7	9	1	2
2	1	4	9	3	6	7	8	5
5	7	9	1	8	2	3	4	6

puzzle 18

5	2	7	8	4	9	1	6	3
3	8	1	6	7	5	9	2	4
9	4	6	1	2	3	8	5	7
1	7	5	9	8	2	3	4	6
8	6	9	4	3	7	5	1	2
2	3	4	5	6	1	7	9	8
6	1	8	7	9	4	2	3	5
4	5	2	3	1	8	6	7	9
7	9	3	2	5	6	4	8	1

182

5	9	4	1	7	6	2	3	8
3	2	1	5	9	8	6	7	4
6	7	8	4	3	2	9	1	5
2	4	6	9	8	3	1	5	7
8	1	9	7	2	5	3	4	6
7	5	3	6	1	4	8	2	9
1	8	5	3	4	9	7	6	2
9	6	7	2	5	1	4	8	3
4	3	2	8	6	7	5	9	1

puzzle 19

1	4	3	9	7	5	8	2	6
5	9	7	6	2	8	4	3	1
8	6	2	3	4	1	7	5	9
6	7	5	8	1	3	2	9	4
3	8	9	4	5	2	6	1	7
2	1	4	7	6	9	3	8	5
9	2	6	1	8	4	5	7	3
7	5	1	2	3	6	9	4	8
4	3	8	5	9	7	1	6	2

puzzle 20

3	4	5	2	7	6	1	9	8
7	2	1	8	3	9	5	4	6
6	8	9	4	5	1	7	2	3
9	6	4	5	1	2	3	8	7
8	5	2	7	9	3	4	6	1
1	3	7	6	8	4	2	5	9
5	1	6	3	2	8	9	7	4
4	7	3	9	6	5	8	1	2
2	9	8	1	4	7	6	3	5

puzzle 21

puzzle 22

3	2	5	8	6	7	1	9	4
8	1	4	5	3	9	2	7	6
7	6	9	2	1	4	3	8	5
6	9	8	3	2	1	4	5	7
2	5	1	7	4	8	9	6	3
4	7	3	9	5	6	8	1	2
5	4	6	1	9	2	7	3	8
9	8	2	6	7	3	5	4	1
1	3	7	4	8	5	6	2	9

puzzle 23

4	6	8	7	2	1	9	3	5
3	2	5	9	6	8	4	1	7
9	7	1	5	4	3	2	8	6
7	8	2	1	5	6	3	9	4
6	1	3	4	8	9	7	5	2
5	4	9	2	3	7	8	6	1
1	9	4	8	7	5	6	2	3
2	5	6	3	9	4	1	7	8
8	3	7	6	1	2	5	4	9

puzzle 24

8	7	3	5	2	4	1	6	9
2	5	1	9	7	6	3	8	4
9	6	4	3	1	8	7	2	5
1	8	6	7	9	3	4	5	2
5	9	7	2	4	1	8	3	6
3	4	2	8	6	5	9	1	7
7	1	9	6	8	2	5	4	3
6	3	8	4	5	9	2	7	1
4	2	5	1	3	7	6	9	8

puzzle 25

6	7	4	9	1	2	3	5	8
1	3	5	8	7	6	4	9	2
9	8	2	4	5	3	7	6	1
4	9	6	3	8	1	5	2	7
8	5	3	6	2	7	9	1	4
7	2	1	5	9	4	8	3	6
5	6	9	2	4	8	1	7	3
3	1	8	7	6	5	2	4	9
2	4	7	1	3	9	6	8	5

puzzle 26

7	3	5	6	9	2	4	1	8
1	2	6	8	4	3	9	5	7
9	8	4	1	5	7	3	6	2
5	4	2	3	1	8	6	7	9
8	7	9	4	6	5	1	2	3
3	6	1	7	2	9	5	8	4
6	9	7	5	8	4	2	3	1
2	5	8	9	3	1	7	4	6
4	1	3	2	7	6	8	9	5

puzzle 27

3	5	4	6	2	7	1	8	9
2	8	1	4	9	5	3	6	7
9	7	6	8	1	3	4	5	2
5	2	3	1	7	4	6	9	8
8	1	7	2	6	9	5	4	3
6	4	9	3	5	8	2	7	1
7	3	2	5	8	6	9	1	4
4	6	8	9	3	1	7	2	5
1	9	5	7	4	2	8	3	6

puzzle 28

3	2	6	1	4	7	8	9	5
9	5	4	6	3	8	2	7	1
7	1	8	2	5	9	3	6	4
8	7	2	3	9	5	4	1	6
5	4	3	8	6	1	9	2	7
6	9	1	7	2	4	5	3	8
1	3	5	4	7	2	6	8	9
2	8	9	5	1	6	7	4	3
4	6	7	9	8	3	1	5	2

puzzle 29

8	7	6	1	3	4	5	9	2
9	1	4	2	7	5	3	8	6
5	3	2	9	8	6	7	4	1
3	2	9	4	5	1	8	6	7
4	8	7	6	9	3	1	2	5
1	6	5	7	2	8	9	3	4
2	5	1	3	4	9	6	7	8
7	9	8	5	6	2	4	1	3
6	4	3	8	1	7	2	5	9

puzzle 30

2	6	4	8	3	9	5	7	1
8	5	1	4	7	2	6	9	3
9	7	3	6	5	1	2	8	4
7	4	8	2	1	3	9	6	5
3	9	2	5	6	4	7	1	8
5	1	6	7	9	8	3	4	2
1	8	9	3	2	6	4	5	7
4	3	7	9	8	5	1	2	6
6	2	5	1	4	7	8	3	9

puzzle 31

8	5	2	3	4	6	7	1	9
4	7	6	9	1	2	8	5	3
1	3	9	5	7	8	2	4	6
6	2	3	1	8	7	4	9	5
7	4	5	2	3	9	6	8	1
9	8	1	6	5	4	3	7	2
5	1	4	7	6	3	9	2	8
2	6	7	8	9	5	1	3	4
3	9	8	4	2	1	5	6	7

puzzle 32

1	2	5	8	9	4	6	3	7
8	4	7	5	3	6	9	1	2
9	3	6	7	2	1	5	8	4
5	6	9	1	7	2	8	4	3
7	8	4	3	5	9	1	2	6
3	1	2	6	4	8	7	5	9
6	9	3	2	8	5	4	7	1
4	7	8	9	1	3	2	6	5
2	5	1	4	6	7	3	9	8

puzzle 33

1	9	6	7	5	4	8	2	3
4	5	8	3	1	2	7	6	9
2	7	3	9	8	6	1	5	4
7	3	5	8	2	9	4	1	6
8	4	9	6	7	1	5	3	2
6	1	2	5	4	3	9	8	7
9	2	1	4	6	8	3	7	5
5	8	4	2	3	7	6	9	1
3	6	7	1	9	5	2	4	8

8	4	2	1	9	3	7	6	5
6	9	7	2	5	8	3	4	1
3	5	1	4	7	6	8	2	9
2	1	3	7	6	4	9	5	8
4	8	5	3	2	9	1	7	6
7	6	9	8	1	5	2	3	4
1	3	6	9	4	7	5	8	2
5	2	8	6	3	1	4	9	7
9	7	4	5	8	2	6	1	3

puzzle 34

puzzle 35

2	5	8	6	1	7	9	4	3
9	7	6	4	3	5	8	2	1
3	1	4	2	8	9	6	7	5
1	4	2	5	9	8	3	6	7
5	6	3	7	2	1	4	9	8
8	9	7	3	4	6	1	5	2
6	3	9	8	7	2	5	1	4
4	2	5	1	6	3	7	8	9
7	8	1	9	5	4	2	3	6

4	7	1	8	2	9	3	6	5
3	8	9	4	6	5	1	2	7
6	5	2	3	1	7	4	9	8
9	2	3	7	5	1	8	4	6
7	6	4	9	8	3	5	1	2
5	1	8	2	4	6	9	7	3
1	3	5	6	7	4	2	8	9
8	4	7	5	9	2	6	3	1
2	9	6	1	3	8	7	5	4

puzzle 36

puzzle 37

1	5	2	3	7	8	4	6	9
3	6	7	4	9	5	1	2	8
9	8	4	6	2	1	5	7	3
6	9	3	1	5	4	2	8	7
2	4	8	9	3	7	6	1	5
5	7	1	2	8	6	9	3	4
7	1	6	5	4	3	8	9	2
4	3	9	8	1	2	7	5	6
8	2	5	7	6	9	3	4	1

puzzle 38

9	5	4	3	1	6	2	7	8
7	6	3	8	9	2	5	1	4
1	8	2	4	7	5	3	9	6
6	3	7	5	2	8	9	4	1
8	2	1	9	4	7	6	5	3
4	9	5	1	6	3	8	2	7
3	1	8	2	5	4	7	6	9
2	7	9	6	8	1	4	3	5
5	4	6	7	3	9	1	8	2

puzzle 39

3	4	2	1	5	7	6	8	9
1	9	8	2	6	3	4	7	5
7	5	6	9	4	8	2	3	1
8	1	5	4	9	2	7	6	3
9	2	7	3	1	6	5	4	8
4	6	3	7	8	5	9	1	2
2	3	4	8	7	9	1	5	6
6	7	9	5	3	1	8	2	4
5	8	1	6	2	4	3	9	7

puzzle 40

6	3	7	2	1	5	4	9	8
4	2	8	9	6	7	5	3	1
9	1	5	3	4	8	7	2	6
2	7	3	6	8	1	9	4	5
1	9	4	5	7	3	6	8	2
5	8	6	4	9	2	3	1	7
7	5	1	8	3	4	2	6	9
8	4	9	7	2	6	1	5	3
3	6	2	1	5	9	8	7	4

puzzle 41

6	4	9	1	5	2	7	3	8
2	7	1	3	9	8	5	6	4
5	3	8	6	4	7	2	9	1
1	2	4	7	8	3	6	5	9
3	6	7	5	1	9	8	4	2
8	9	5	2	6	4	1	7	3
4	8	2	9	7	6	3	1	5
7	5	3	4	2	1	9	8	6
9	1	6	8	3	5	4	2	7

puzzle 42

4	8	6	1	7	5	3	9	2
1	5	9	3	2	8	7	6	4
7	2	3	6	4	9	8	5	1
3	1	8	5	6	2	9	4	7
2	7	4	9	1	3	5	8	6
6	9	5	4	8	7	1	2	3
8	4	7	2	9	1	6	3	5
5	6	1	8	3	4	2	7	9
9	3	2	7	5	6	4	1	8

puzzle 43

7	3	5	9	8	1	4	6	2
9	4	6	2	7	3	1	5	8
1	8	2	6	5	4	7	9	3
3	2	4	5	6	8	9	1	7
8	7	1	4	3	9	5	2	6
5	6	9	1	2	7	8	3	4
6	9	7	8	1	2	3	4	5
4	5	3	7	9	6	2	8	1
2	1	8	3	4	5	6	7	9

puzzle 44

7	3	2	5	6	1	8	9	4
5	1	8	9	4	3	7	6	2
6	9	4	2	8	7	1	3	5
3	8	7	4	9	2	6	5	1
1	4	6	8	3	5	9	2	7
9	2	5	1	7	6	4	8	3
8	5	9	7	2	4	3	1	6
4	6	1	3	5	9	2	7	8
2	7	3	6	1	8	5	4	9

puzzle 45

8	6	2	3	9	1	4	7	5
5	7	1	4	2	8	3	9	6
3	4	9	6	5	7	8	2	1
4	8	7	2	6	3	1	5	9
2	5	3	1	4	9	7	6	8
9	1	6	7	8	5	2	3	4
1	9	5	8	3	2	6	4	7
7	2	4	5	1	6	9	8	3
6	3	8	9	7	4	5	1	2

puzzle 46

6	4	5	2	8	1	9	3	7
7	3	8	9	5	6	1	2	4
1	9	2	4	3	7	5	6	8
4	5	7	3	1	9	2	8	6
2	6	9	5	4	8	3	7	1
8	1	3	7	6	2	4	9	5
9	7	4	8	2	5	6	1	3
3	8	1	6	9	4	7	5	2
5	2	6	1	7	3	8	4	9

puzzle 47

5	6	4	8	1	9	3	7	2
2	1	7	3	5	6	8	9	4
9	8	3	4	7	2	5	1	6
8	9	5	7	6	1	2	4	3
7	4	6	9	2	3	1	8	5
1	3	2	5	4	8	9	6	7
4	7	8	2	9	5	6	3	1
3	2	1	6	8	7	4	5	9
6	5	9	1	3	4	7	2	8

puzzle 48

3	8	5	6	7	4	2	1	9
6	9	4	3	1	2	8	7	5
7	2	1	9	8	5	6	3	4
4	6	9	8	3	7	5	2	1
1	5	3	2	4	9	7	6	8
8	7	2	5	6	1	9	4	3
2	4	8	1	5	6	3	9	7
9	3	7	4	2	8	1	5	6
5	1	6	7	9	3	4	8	2

8	5	2	9	7	3	4	6	1
9	4	7	5	1	6	3	2	8
3	1	6	2	4	8	9	5	7
6	7	1	4	3	9	2	8	5
2	9	3	7	8	5	1	4	6
5	8	4	1	6	2	7	9	3
7	6	9	8	2	1	5	3	4
1	2	8	3	5	4	6	7	9
4	3	5	6	9	7	8	1	2

puzzle 49

puzzle 50

2	3	5	6	1	7	4	8	9
8	6	9	3	2	4	1	5	7
7	4	1	5	8	9	2	3	6
9	1	3	4	5	2	7	6	8
6	5	2	7	3	8	9	1	4
4	8	7	9	6	1	5	2	3
5	9	6	1	7	3	8	4	2
3	2	4	8	9	5	6	7	1
1	7	8	2	4	6	3	9	5

7	6	2	8	3	4	1	5	9
8	5	9	7	6	1	3	4	2
4	1	3	5	2	9	6	8	7
6	8	1	3	5	7	2	9	4
5	3	7	4	9	2	8	6	1
9	2	4	1	8	6	7	3	5
1	7	6	9	4	3	5	2	8
2	9	8	6	1	5	4	7	3
3	4	5	2	7	8	9	1	6

puzzle 51

puzzle 52

5	1	6	7	3	4	2	8	9
2	3	7	8	5	9	6	1	4
4	9	8	2	1	6	5	7	3
7	5	2	4	9	1	3	6	8
1	6	4	3	7	8	9	5	2
9	8	3	6	2	5	7	4	1
3	2	1	5	4	7	8	9	6
8	4	5	9	6	3	1	2	7
6	7	9	1	8	2	4	3	5

puzzle 53

1	9	2	3	5	8	4	7	6
4	5	6	2	1	7	8	3	9
7	8	3	4	6	9	2	1	5
2	4	5	9	3	6	7	8	1
6	1	9	8	7	4	5	2	3
3	7	8	5	2	1	6	9	4
9	6	4	1	8	2	3	5	7
8	3	7	6	9	5	1	4	2
5	2	1	7	4	3	9	6	8

puzzle 54

4	5	1	7	8	3	2	9	6
9	2	7	6	5	4	1	3	8
3	8	6	9	2	1	7	4	5
8	6	9	4	3	2	5	1	7
5	3	2	1	6	7	4	8	9
1	7	4	8	9	5	3	6	2
6	1	5	3	7	9	8	2	4
2	4	8	5	1	6	9	7	3
7	9	3	2	4	8	6	5	1

puzzle 55

1	9	3	8	2	6	5	4	7
6	7	4	9	3	5	8	2	1
8	2	5	7	1	4	9	3	6
5	4	8	6	7	1	3	9	2
9	3	1	5	4	2	6	7	8
7	6	2	3	8	9	4	1	5
3	1	9	2	5	8	7	6	4
4	8	6	1	9	7	2	5	3
2	5	7	4	6	3	1	8	9

puzzle 56

8	9	1	3	7	6	4	2	5
4	7	5	2	1	9	6	8	3
6	3	2	4	8	5	1	7	9
7	5	3	6	4	1	2	9	8
9	8	6	7	3	2	5	4	1
2	1	4	5	9	8	7	3	6
3	6	8	1	2	7	9	5	4
1	4	7	9	5	3	8	6	2
5	2	9	8	6	4	3	1	7

puzzle 57

7	8	6	1	3	2	5	4	9
2	5	3	4	8	9	7	6	1
9	1	4	5	7	6	2	8	3
6	2	5	3	1	4	9	7	8
1	4	7	2	9	8	6	3	5
8	3	9	7	6	5	1	2	4
5	7	2	9	4	3	8	1	6
3	9	8	6	2	1	4	5	7
4	6	1	8	5	7	3	9	2

puzzle 58

9	8	6	2	4	3	5	7	1
2	4	1	9	7	5	3	8	6
5	7	3	6	1	8	2	9	4
1	9	7	5	8	6	4	3	2
4	6	8	3	2	7	9	1	5
3	5	2	4	9	1	7	6	8
6	3	9	8	5	2	1	4	7
7	2	4	1	6	9	8	5	3
8	1	5	7	3	4	6	2	9

puzzle 59

1	9	3	2	8	5	4	7	6
8	4	7	9	6	1	2	3	5
5	2	6	4	7	3	9	8	1
6	3	2	7	1	4	8	5	9
7	5	1	8	9	6	3	2	4
9	8	4	5	3	2	1	6	7
3	7	5	1	4	8	6	9	2
4	6	9	3	2	7	5	1	8
2	1	8	6	5	9	7	4	3

puzzle 60

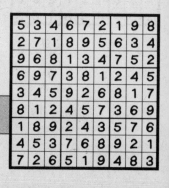

5	3	4	6	7	2	1	9	8
2	7	1	8	9	5	6	3	4
9	6	8	1	3	4	7	5	2
6	9	7	3	8	1	2	4	5
3	4	5	9	2	6	8	1	7
8	1	2	4	5	7	3	6	9
1	8	9	2	4	3	5	7	6
4	5	3	7	6	8	9	2	1
7	2	6	5	1	9	4	8	3

puzzle 61

1	8	6	9	4	3	2	5	7
9	3	2	5	6	7	4	8	1
4	5	7	8	1	2	3	6	9
5	2	9	6	7	4	1	3	8
8	7	3	1	5	9	6	4	2
6	1	4	3	2	8	9	7	5
3	4	5	2	8	1	7	9	6
2	9	8	7	3	6	5	1	4
7	6	1	4	9	5	8	2	3

puzzle 62

8	4	6	3	5	9	1	2	7
3	7	5	4	2	1	6	9	8
9	1	2	7	8	6	3	5	4
6	3	8	9	1	7	5	4	2
2	5	7	8	3	4	9	6	1
1	9	4	5	6	2	7	8	3
5	2	3	6	7	8	4	1	9
4	6	1	2	9	3	8	7	5
7	8	9	1	4	5	2	3	6

puzzle 63

6	4	3	2	7	9	8	5	1
5	8	7	4	1	3	6	2	9
9	1	2	5	6	8	4	3	7
8	6	4	9	3	1	5	7	2
2	3	5	8	4	7	1	9	6
7	9	1	6	2	5	3	8	4
4	5	6	7	8	2	9	1	3
3	7	8	1	9	6	2	4	5
1	2	9	3	5	4	7	6	8

puzzle 64

7	8	4	1	3	2	6	5	9
3	6	1	5	9	4	2	8	7
2	9	5	7	6	8	3	4	1
9	5	8	4	7	3	1	2	6
6	3	2	8	1	5	9	7	4
4	1	7	9	2	6	5	3	8
1	2	6	3	4	7	8	9	5
8	4	9	2	5	1	7	6	3
5	7	3	6	8	9	4	1	2

puzzle 65

4	6	7	2	5	3	9	8	1
5	2	9	8	4	1	7	6	3
8	3	1	6	9	7	5	2	4
7	9	5	4	6	8	3	1	2
3	4	8	5	1	2	6	7	9
2	1	6	3	7	9	8	4	5
6	7	2	9	3	4	1	5	8
1	8	3	7	2	5	4	9	6
9	5	4	1	8	6	2	3	7

puzzle 66

4	8	9	5	6	7	1	3	2
3	1	7	9	2	8	5	4	6
5	2	6	1	3	4	8	7	9
2	5	4	3	9	6	7	8	1
1	6	8	7	4	2	9	5	3
7	9	3	8	5	1	6	2	4
8	3	2	6	7	9	4	1	5
9	7	5	4	1	3	2	6	8
6	4	1	2	8	5	3	9	7

puzzle 67

3	7	6	8	9	5	2	1	4
1	5	2	6	4	7	8	3	9
9	4	8	2	3	1	7	6	5
7	2	9	4	1	8	6	5	3
6	1	5	3	7	2	9	4	8
8	3	4	9	5	6	1	2	7
5	6	3	1	8	9	4	7	2
4	8	1	7	2	3	5	9	6
2	9	7	5	6	4	3	8	1

puzzle 68

6	8	4	1	9	5	3	2	7
7	9	5	3	4	2	8	1	6
2	3	1	7	6	8	5	4	9
4	1	3	2	8	9	6	7	5
9	7	6	5	3	4	1	8	2
5	2	8	6	1	7	9	3	4
1	6	7	9	2	3	4	5	8
8	5	9	4	7	1	2	6	3
3	4	2	8	5	6	7	9	1

puzzle 69

3	7	2	4	5	1	8	9	6
4	8	5	9	2	6	1	7	3
9	6	1	8	3	7	4	2	5
2	3	6	1	7	9	5	8	4
7	9	4	6	8	5	3	1	2
5	1	8	2	4	3	9	6	7
1	4	3	7	6	8	2	5	9
8	2	7	5	9	4	6	3	1
6	5	9	3	1	2	7	4	8

puzzle 70

5	6	2	7	4	3	8	1	9
8	1	7	5	9	2	4	6	3
4	3	9	6	1	8	5	7	2
7	2	8	9	3	1	6	4	5
9	4	1	8	5	6	3	2	7
3	5	6	2	7	4	9	8	1
6	9	5	1	8	7	2	3	4
2	7	3	4	6	9	1	5	8
1	8	4	3	2	5	7	9	6

puzzle 71

1	3	2	5	6	9	8	4	7
6	4	8	3	7	2	5	9	1
5	9	7	4	1	8	2	3	6
3	5	6	9	2	1	4	7	8
9	7	1	8	5	4	3	6	2
2	8	4	7	3	6	9	1	5
8	1	5	6	4	3	7	2	9
7	6	3	2	9	5	1	8	4
4	2	9	1	8	7	6	5	3

puzzle 72

3	4	7	6	8	2	5	1	9
2	1	6	3	9	5	8	7	4
5	9	8	4	1	7	6	2	3
1	5	4	8	6	9	7	3	2
9	7	2	5	3	4	1	6	8
6	8	3	2	7	1	9	4	5
7	3	5	1	2	8	4	9	6
8	2	9	7	4	6	3	5	1
4	6	1	9	5	3	2	8	7

Puzzle 73

7	4	8	6	5	1	2	3	9
6	9	1	3	8	2	7	5	4
3	2	5	9	4	7	6	1	8
1	8	6	4	9	3	5	2	7
4	7	9	5	2	6	1	8	3
5	3	2	7	1	8	9	4	6
8	5	3	2	6	9	4	7	1
2	6	7	1	3	4	8	9	5
9	1	4	8	7	5	3	6	2

Puzzle 74

9	8	1	6	7	3	2	4	5
2	6	7	4	9	5	3	8	1
5	3	4	8	2	1	9	7	6
3	4	5	7	8	2	6	1	9
7	1	6	3	5	9	8	2	4
8	2	9	1	6	4	5	3	7
6	9	3	2	4	7	1	5	8
4	5	2	9	1	8	7	6	3
1	7	8	5	3	6	4	9	2

Puzzle 75

4	8	7	3	5	2	1	9	6
6	1	5	4	9	7	2	3	8
2	9	3	8	1	6	5	7	4
5	2	9	6	7	1	8	4	3
8	6	4	2	3	5	9	1	7
7	3	1	9	8	4	6	5	2
3	7	8	5	6	9	4	2	1
1	5	2	7	4	8	3	6	9
9	4	6	1	2	3	7	8	5

Puzzle 76

2	5	6	8	3	1	7	4	9
4	1	3	9	5	7	6	8	2
7	9	8	6	2	4	1	3	5
6	8	9	4	7	2	3	5	1
5	3	7	1	9	8	2	6	4
1	4	2	3	6	5	9	7	8
3	6	4	5	1	9	8	2	7
8	2	1	7	4	3	5	9	6
9	7	5	2	8	6	4	1	3

puzzle 77

5	6	4	9	7	1	2	8	3
1	2	8	3	6	5	9	7	4
7	9	3	8	4	2	1	6	5
9	4	5	2	8	7	3	1	6
3	1	2	6	9	4	7	5	8
8	7	6	5	1	3	4	2	9
2	8	9	7	3	6	5	4	1
4	3	7	1	5	8	6	9	2
6	5	1	4	2	9	8	3	7

puzzle 78

4	6	2	7	9	3	8	5	1
1	8	3	5	2	4	9	6	7
7	5	9	6	1	8	2	3	4
5	9	4	8	6	7	3	1	2
3	7	1	4	5	2	6	8	9
8	2	6	9	3	1	7	4	5
2	4	7	1	8	6	5	9	3
9	1	8	3	7	5	4	2	6
6	3	5	2	4	9	1	7	8

puzzle 79

5	6	7	1	2	3	9	4	8
3	8	4	6	7	9	2	5	1
9	2	1	5	4	8	7	3	6
6	3	8	2	9	4	5	1	7
1	7	2	8	3	5	6	9	4
4	5	9	7	6	1	3	8	2
2	4	5	3	8	6	1	7	9
8	1	6	9	5	7	4	2	3
7	9	3	4	1	2	8	6	5

puzzle 80

9	1	4	2	7	5	6	8	3
5	8	7	3	1	6	9	4	2
3	2	6	9	4	8	5	7	1
2	9	3	5	6	7	8	1	4
6	7	8	1	9	4	2	3	5
4	5	1	8	3	2	7	6	9
1	6	5	7	2	3	4	9	8
8	4	9	6	5	1	3	2	7
7	3	2	4	8	9	1	5	6

puzzle 81

1	9	2	7	8	3	4	5	6
8	6	7	5	4	2	9	1	3
5	4	3	9	6	1	7	8	2
2	5	4	8	7	6	3	9	1
3	8	1	4	2	9	6	7	5
6	7	9	1	3	5	2	4	8
7	1	6	3	9	8	5	2	4
4	2	8	6	5	7	1	3	9
9	3	5	2	1	4	8	6	7

puzzle 82

4	3	5	7	1	2	6	8	9
9	6	1	3	4	8	7	5	2
7	8	2	9	5	6	3	1	4
1	4	8	2	7	9	5	6	3
3	2	9	8	6	5	4	7	1
5	7	6	1	3	4	9	2	8
8	1	7	5	9	3	2	4	6
2	9	4	6	8	7	1	3	5
6	5	3	4	2	1	8	9	7

puzzle 83

7	1	3	8	9	4	2	6	5
4	8	6	3	5	2	9	1	7
2	5	9	6	7	1	4	3	8
3	9	2	5	8	7	1	4	6
1	7	4	9	2	6	5	8	3
8	6	5	1	4	3	7	9	2
5	4	8	2	3	9	6	7	1
6	2	7	4	1	8	3	5	9
9	3	1	7	6	5	8	2	4

puzzle 84

1	3	5	8	4	2	6	7	9
6	4	2	3	9	7	8	1	5
9	7	8	5	1	6	2	3	4
8	5	6	4	3	1	7	9	2
2	1	4	7	5	9	3	8	6
3	9	7	6	2	8	5	4	1
4	6	3	1	7	5	9	2	8
7	8	9	2	6	4	1	5	3
5	2	1	9	8	3	4	6	7

puzzle 85

3	7	5	4	1	8	9	6	2
6	1	2	5	9	3	8	7	4
8	9	4	2	7	6	3	1	5
7	6	9	1	2	4	5	3	8
4	3	8	6	5	7	2	9	1
2	5	1	3	8	9	6	4	7
9	2	3	7	4	5	1	8	6
5	8	7	9	6	1	4	2	3
1	4	6	8	3	2	7	5	9

puzzle 86

4	8	6	2	5	1	3	9	7
5	3	2	9	7	8	1	4	6
7	1	9	3	4	6	5	8	2
9	4	7	8	3	2	6	1	5
1	5	8	6	9	7	4	2	3
2	6	3	5	1	4	9	7	8
6	9	4	7	8	3	2	5	1
3	7	1	4	2	5	8	6	9
8	2	5	1	6	9	7	3	4

puzzle 87

2	9	6	7	3	4	1	5	8
7	1	8	2	6	5	3	9	4
3	4	5	9	8	1	7	6	2
6	3	1	8	5	7	2	4	9
9	7	4	6	2	3	8	1	5
5	8	2	4	1	9	6	3	7
4	6	9	3	7	2	5	8	1
1	2	3	5	9	8	4	7	6
8	5	7	1	4	6	9	2	3

puzzle 88

1	2	9	4	5	3	8	7	6
6	5	8	9	2	7	1	4	3
3	4	7	8	6	1	2	5	9
5	9	3	1	7	2	6	8	4
4	1	6	3	8	9	7	2	5
8	7	2	5	4	6	3	9	1
2	6	4	7	1	5	9	3	8
7	3	5	6	9	8	4	1	2
9	8	1	2	3	4	5	6	7

puzzle 89

5	2	1	8	7	4	9	6	3
8	3	6	5	9	2	4	1	7
9	7	4	1	3	6	8	2	5
2	1	9	7	6	3	5	8	4
7	6	5	4	8	1	3	9	2
3	4	8	2	5	9	1	7	6
4	8	3	9	2	7	6	5	1
1	9	2	6	4	5	7	3	8
6	5	7	3	1	8	2	4	9

puzzle 90

1	6	7	9	8	2	5	3	4
9	5	3	4	1	6	2	7	8
2	8	4	5	3	7	6	9	1
7	3	1	6	9	8	4	5	2
4	2	6	7	5	1	9	8	3
8	9	5	3	2	4	1	6	7
3	7	9	2	4	5	8	1	6
5	1	2	8	6	3	7	4	9
6	4	8	1	7	9	3	2	5

puzzle 91

7	4	9	8	1	3	2	6	5
5	3	6	7	9	2	4	1	8
2	1	8	4	6	5	9	7	3
1	5	3	6	4	7	8	9	2
4	9	7	5	2	8	1	3	6
8	6	2	9	3	1	7	5	4
9	2	5	3	7	4	6	8	1
3	7	4	1	8	6	5	2	9
6	8	1	2	5	9	3	4	7

puzzle 92

7	6	8	9	1	2	5	3	4
3	1	2	4	7	5	8	6	9
9	5	4	6	3	8	1	7	2
1	9	6	5	2	3	4	8	7
2	3	7	1	8	4	6	9	5
4	8	5	7	9	6	2	1	3
8	7	1	2	4	9	3	5	6
6	2	9	3	5	1	7	4	8
5	4	3	8	6	7	9	2	1

puzzle 93

5	8	7	6	4	1	3	9	2
2	4	1	3	7	9	6	5	8
6	9	3	5	2	8	1	4	7
1	5	2	7	3	6	9	8	4
9	7	6	8	1	4	2	3	5
8	3	4	9	5	2	7	6	1
3	2	9	1	8	5	4	7	6
7	1	5	4	6	3	8	2	9
4	6	8	2	9	7	5	1	3

puzzle 94

9	8	5	3	1	2	4	7	6
1	7	6	9	5	4	2	3	8
4	3	2	6	7	8	9	5	1
6	9	8	1	4	3	5	2	7
7	1	3	5	2	6	8	9	4
5	2	4	8	9	7	1	6	3
2	6	9	4	3	1	7	8	5
8	5	1	7	6	9	3	4	2
3	4	7	2	8	5	6	1	9

puzzle 95

6	8	3	4	1	5	2	7	9
5	2	7	8	9	6	4	3	1
1	9	4	7	3	2	6	5	8
4	6	5	9	2	3	1	8	7
3	1	2	6	7	8	5	9	4
8	7	9	5	4	1	3	2	6
7	5	1	3	8	4	9	6	2
9	4	6	2	5	7	8	1	3
2	3	8	1	6	9	7	4	5

puzzle 96

6	5	7	9	2	4	3	1	8
8	9	4	1	6	3	5	2	7
3	2	1	8	7	5	9	4	6
9	7	6	3	4	2	1	8	5
1	4	8	5	9	7	6	3	2
5	3	2	6	8	1	7	9	4
7	6	9	4	1	8	2	5	3
4	1	3	2	5	6	8	7	9
2	8	5	7	3	9	4	6	1

4	9	2	5	1	3	7	8	6
7	6	5	2	8	4	9	1	3
3	8	1	6	9	7	4	2	5
5	7	8	1	2	6	3	4	9
2	3	6	8	4	9	5	7	1
1	4	9	3	7	5	8	6	2
9	1	4	7	3	2	6	5	8
6	2	7	9	5	8	1	3	4
8	5	3	4	6	1	2	9	7

puzzle 97

6	1	3	7	4	8	9	2	5
5	7	4	2	9	1	6	8	3
8	9	2	5	6	3	1	4	7
1	3	9	8	5	7	2	6	4
7	5	8	6	2	4	3	9	1
2	4	6	3	1	9	7	5	8
9	8	7	4	3	2	5	1	6
4	6	1	9	7	5	8	3	2
3	2	5	1	8	6	4	7	9

puzzle 98

puzzle 99

4	2	7	6	5	1	8	3	9
8	1	3	9	2	7	4	5	6
6	9	5	8	4	3	7	2	1
9	3	6	4	7	5	1	8	2
7	4	2	1	6	8	3	9	5
1	5	8	2	3	9	6	4	7
3	6	4	5	1	2	9	7	8
2	7	9	3	8	6	5	1	4
5	8	1	7	9	4	2	6	3

5	1	6	9	3	4	8	2	7
2	4	7	6	8	5	3	9	1
8	3	9	1	7	2	6	5	4
1	6	2	7	5	8	9	4	3
9	7	3	2	4	6	1	8	5
4	5	8	3	1	9	2	7	6
7	8	1	4	2	3	5	6	9
6	2	4	5	9	1	7	3	8
3	9	5	8	6	7	4	1	2

puzzle 100

puzzle 101

6	5	3	4	9	7	1	2	8
9	7	8	1	6	2	4	3	5
1	4	2	3	8	5	9	6	7
4	1	7	5	3	9	2	8	6
8	2	9	7	4	6	3	5	1
3	6	5	8	2	1	7	9	4
2	8	6	9	1	4	5	7	3
7	3	4	2	5	8	6	1	9
5	9	1	6	7	3	8	4	2

puzzle 102

8	4	9	5	7	3	6	2	1
7	1	3	6	2	4	8	5	9
6	5	2	8	9	1	3	4	7
9	3	6	4	8	7	5	1	2
4	8	7	1	5	2	9	3	6
5	2	1	3	6	9	7	8	4
3	9	8	2	4	6	1	7	5
2	6	5	7	1	8	4	9	3
1	7	4	9	3	5	2	6	8

puzzle 103

5	8	9	6	2	7	4	3	1
3	2	4	8	5	1	6	7	9
6	7	1	9	3	4	5	8	2
7	4	5	1	8	9	2	6	3
9	6	3	4	7	2	8	1	5
2	1	8	5	6	3	7	9	4
1	5	7	3	4	8	9	2	6
8	9	6	2	1	5	3	4	7
4	3	2	7	9	6	1	5	8

puzzle 104

8	7	4	9	2	3	5	6	1
5	3	9	8	6	1	7	4	2
2	1	6	5	7	4	8	9	3
3	6	7	1	9	5	2	8	4
4	5	2	3	8	6	1	7	9
1	9	8	7	4	2	3	5	6
9	2	3	4	5	7	6	1	8
7	8	1	6	3	9	4	2	5
6	4	5	2	1	8	9	3	7

puzzle 105

8	1	7	5	3	4	6	2	9
6	2	4	9	7	1	3	5	8
9	3	5	2	6	8	7	1	4
3	4	6	7	5	2	8	9	1
5	7	1	3	8	9	2	4	6
2	8	9	4	1	6	5	3	7
1	5	2	6	9	7	4	8	3
7	9	3	8	4	5	1	6	2
4	6	8	1	2	3	9	7	5

puzzle 106

5	2	7	8	1	9	6	3	4
1	4	9	3	6	5	7	8	2
6	8	3	2	7	4	1	9	5
8	1	4	6	9	3	2	5	7
2	9	5	7	4	1	8	6	3
7	3	6	5	2	8	9	4	1
4	6	2	9	5	7	3	1	8
9	5	8	1	3	2	4	7	6
3	7	1	4	8	6	5	2	9

6	1	2	3	9	4	7	5	8
3	5	7	1	8	2	6	9	4
4	8	9	7	6	5	3	1	2
8	6	3	2	7	1	5	4	9
1	9	4	5	3	6	8	2	7
7	2	5	9	4	8	1	6	3
9	7	6	4	1	3	2	8	5
2	4	8	6	5	7	9	3	1
5	3	1	8	2	9	4	7	6

puzzle 107

puzzle 108

2	3	6	4	5	9	8	7	1
4	9	1	8	6	7	2	5	3
7	5	8	3	1	2	6	4	9
9	8	3	1	2	4	7	6	5
5	2	7	9	3	6	1	8	4
6	1	4	7	8	5	9	3	2
8	6	5	2	9	3	4	1	7
3	7	2	6	4	1	5	9	8
1	4	9	5	7	8	3	2	6

7	5	1	8	6	4	9	2	3
3	8	2	9	1	7	5	4	6
9	6	4	3	5	2	7	1	8
6	1	5	4	9	8	2	3	7
8	2	3	1	7	5	6	9	4
4	9	7	6	2	3	1	8	5
5	7	8	2	3	1	4	6	9
1	4	6	5	8	9	3	7	2
2	3	9	7	4	6	8	5	1

puzzle 109

7	3	1	2	4	8	9	6	5
4	6	2	5	1	9	3	8	7
9	5	8	6	7	3	4	2	1
2	8	9	4	5	6	1	7	3
6	1	7	3	9	2	5	4	8
5	4	3	1	8	7	2	9	6
8	2	5	7	3	4	6	1	9
1	9	4	8	6	5	7	3	2
3	7	6	9	2	1	8	5	4

puzzle 110

puzzle 111

1	7	6	4	9	5	8	2	3
2	3	5	1	8	6	9	7	4
4	8	9	3	7	2	5	6	1
5	2	8	6	1	3	4	9	7
6	9	4	8	2	7	3	1	5
3	1	7	9	5	4	2	8	6
7	5	1	2	3	9	6	4	8
8	6	2	5	4	1	7	3	9
9	4	3	7	6	8	1	5	2

5	2	7	8	9	4	6	3	1
9	1	8	3	5	6	4	2	7
6	3	4	7	2	1	9	8	5
2	8	6	5	4	7	1	9	3
3	4	9	1	6	2	5	7	8
7	5	1	9	8	3	2	6	4
4	7	3	6	1	9	8	5	2
8	6	2	4	3	5	7	1	9
1	9	5	2	7	8	3	4	6

puzzle 112

puzzle 113

5	8	9	3	2	7	6	4	1
4	7	6	1	5	9	8	3	2
2	3	1	4	6	8	7	5	9
7	5	2	6	1	3	4	9	8
3	6	8	9	4	5	1	2	7
1	9	4	8	7	2	5	6	3
6	4	3	2	8	1	9	7	5
8	2	7	5	9	4	3	1	6
9	1	5	7	3	6	2	8	4

puzzle 114

7	1	3	5	6	2	8	9	4
6	2	4	7	9	8	5	3	1
8	9	5	3	1	4	7	2	6
1	4	2	8	7	6	3	5	9
9	6	8	2	3	5	1	4	7
5	3	7	9	4	1	6	8	2
4	7	9	6	8	3	2	1	5
3	5	1	4	2	7	9	6	8
2	8	6	1	5	9	4	7	3

puzzle 115

1	3	6	8	4	7	2	9	5
4	9	5	1	6	2	8	3	7
2	7	8	5	3	9	4	6	1
7	5	1	4	9	3	6	2	8
3	2	9	6	8	5	7	1	4
8	6	4	2	7	1	3	5	9
5	4	3	7	1	6	9	8	2
9	8	2	3	5	4	1	7	6
6	1	7	9	2	8	5	4	3

puzzle 116

4	3	8	6	5	1	7	9	2
6	7	1	3	9	2	4	5	8
2	9	5	7	4	8	6	1	3
1	5	6	8	7	3	2	4	9
3	4	9	5	2	6	1	8	7
8	2	7	9	1	4	5	3	6
9	6	4	2	3	5	8	7	1
7	1	2	4	8	9	3	6	5
5	8	3	1	6	7	9	2	4

puzzle 117

1	9	7	8	4	6	3	2	5
3	2	6	7	5	9	8	4	1
8	4	5	2	3	1	7	9	6
7	5	8	9	2	4	6	1	3
4	1	2	3	6	5	9	7	8
6	3	9	1	7	8	4	5	2
9	7	3	5	8	2	1	6	4
5	8	4	6	1	7	2	3	9
2	6	1	4	9	3	5	8	7

puzzle 118

2	8	6	9	1	4	5	3	7
1	9	3	5	7	6	8	2	4
7	5	4	3	8	2	6	1	9
9	4	5	1	3	8	2	7	6
6	3	7	2	5	9	1	4	8
8	2	1	6	4	7	3	9	5
3	7	9	8	2	5	4	6	1
5	6	2	4	9	1	7	8	3
4	1	8	7	6	3	9	5	2

puzzle 119

4	6	9	5	2	7	1	8	3
1	5	8	3	9	6	7	4	2
3	2	7	4	1	8	6	5	9
5	1	2	9	6	3	8	7	4
6	8	4	2	7	5	9	3	1
9	7	3	1	8	4	5	2	6
2	9	5	7	4	1	3	6	8
8	3	1	6	5	2	4	9	7
7	4	6	8	3	9	2	1	5

puzzle 120

6	1	8	2	3	9	4	5	7
7	9	2	5	6	4	8	3	1
4	3	5	7	8	1	9	2	6
3	8	6	9	2	7	1	4	5
2	5	7	4	1	8	3	6	9
1	4	9	3	5	6	2	7	8
8	7	4	6	9	2	5	1	3
5	6	1	8	4	3	7	9	2
9	2	3	1	7	5	6	8	4

puzzle 121

8	2	6	4	9	5	3	7	1
7	1	9	3	6	8	2	5	4
4	5	3	2	1	7	8	6	9
1	6	4	7	5	3	9	2	8
3	7	2	9	8	1	6	4	5
5	9	8	6	4	2	1	3	7
2	3	5	8	7	9	4	1	6
6	8	1	5	2	4	7	9	3
9	4	7	1	3	6	5	8	2

8	2	9	3	7	6	1	5	4
7	3	5	9	1	4	8	2	6
6	1	4	8	2	5	3	7	9
1	8	3	2	6	9	5	4	7
9	4	6	7	5	3	2	1	8
5	7	2	1	4	8	6	9	3
4	5	7	6	8	2	9	3	1
2	9	8	4	3	1	7	6	5
3	6	1	5	9	7	4	8	2

puzzle 122

puzzle 123

7	5	2	8	1	3	4	6	9
1	4	9	6	5	7	3	8	2
8	3	6	2	9	4	1	7	5
6	8	4	5	2	9	7	3	1
9	7	3	4	8	1	2	5	6
2	1	5	3	7	6	8	9	4
3	6	7	1	4	5	9	2	8
4	9	8	7	6	2	5	1	3
5	2	1	9	3	8	6	4	7

3	2	6	8	4	5	7	9	1
4	9	8	7	1	2	5	3	6
1	5	7	3	6	9	2	8	4
8	1	5	9	2	4	3	6	7
9	7	3	1	8	6	4	2	5
2	6	4	5	7	3	9	1	8
7	4	9	6	3	8	1	5	2
6	3	1	2	5	7	8	4	9
5	8	2	4	9	1	6	7	3

puzzle 124

puzzle 125

3	7	5	1	4	8	2	9	6
1	4	8	9	2	6	7	3	5
6	9	2	3	5	7	4	8	1
7	8	3	6	1	4	9	5	2
5	2	4	7	3	9	1	6	8
9	1	6	2	8	5	3	7	4
8	3	9	4	6	2	5	1	7
4	6	7	5	9	1	8	2	3
2	5	1	8	7	3	6	4	9

puzzle 126

3	1	4	8	6	2	9	5	7
5	7	2	3	9	1	6	4	8
9	8	6	5	4	7	2	3	1
2	4	3	7	5	9	8	1	6
1	6	8	2	3	4	7	9	5
7	9	5	6	1	8	4	2	3
4	3	7	9	8	5	1	6	2
8	5	1	4	2	6	3	7	9
6	2	9	1	7	3	5	8	4

puzzle 127

9	8	4	1	3	5	6	2	7
3	2	6	9	7	4	8	1	5
1	7	5	6	2	8	3	9	4
6	1	2	4	8	9	7	5	3
5	3	8	2	1	7	9	4	6
7	4	9	5	6	3	1	8	2
8	9	7	3	5	2	4	6	1
4	5	1	7	9	6	2	3	8
2	6	3	8	4	1	5	7	9

puzzle 128

6	7	9	8	1	5	4	3	2
8	3	5	7	4	2	9	6	1
4	1	2	9	3	6	8	7	5
2	6	4	5	9	1	7	8	3
1	8	3	6	2	7	5	4	9
5	9	7	4	8	3	2	1	6
3	5	1	2	7	4	6	9	8
7	2	8	1	6	9	3	5	4
9	4	6	3	5	8	1	2	7

puzzle 128

puzzle 129

puzzle 129

7	9	8	1	5	3	6	2	4
3	4	6	7	2	8	9	5	1
2	1	5	6	9	4	7	3	8
5	2	7	8	4	6	1	9	3
1	6	9	3	7	5	4	8	2
8	3	4	9	1	2	5	6	7
4	5	3	2	6	7	8	1	9
9	7	2	5	8	1	3	4	6
6	8	1	4	3	9	2	7	5

puzzle 130

1	6	8	3	7	9	4	2	5
9	4	2	1	6	5	7	8	3
3	7	5	8	4	2	6	9	1
5	3	7	6	2	1	8	4	9
4	9	6	7	8	3	5	1	2
8	2	1	5	9	4	3	7	6
7	5	3	2	1	8	9	6	4
6	1	9	4	3	7	2	5	8
2	8	4	9	5	6	1	3	7

puzzle 130

215

puzzle 131

9	1	7	5	8	4	3	6	2
4	6	2	9	7	3	8	1	5
8	5	3	6	1	2	9	4	7
5	3	4	8	9	1	2	7	6
1	7	8	4	2	6	5	9	3
6	2	9	7	3	5	1	8	4
2	9	1	3	4	7	6	5	8
3	4	5	1	6	8	7	2	9
7	8	6	2	5	9	4	3	1

puzzle 131

puzzle 132

puzzle 132

2	1	5	8	7	3	4	6	9
7	9	3	6	4	2	8	5	1
4	6	8	1	5	9	2	7	3
6	4	9	3	1	7	5	8	2
1	5	2	4	9	8	6	3	7
8	3	7	2	6	5	1	9	4
3	2	1	7	8	6	9	4	5
9	7	6	5	2	4	3	1	8
5	8	4	9	3	1	7	2	6

puzzle 133

5	9	4	8	6	3	2	1	7
7	1	3	2	4	5	6	9	8
6	2	8	7	9	1	5	3	4
1	7	9	6	3	2	4	8	5
8	6	2	5	1	4	3	7	9
4	3	5	9	8	7	1	2	6
9	4	1	3	5	8	7	6	2
3	8	7	4	2	6	9	5	1
2	5	6	1	7	9	8	4	3

puzzle 133

7	1	9	5	8	3	6	2	4
2	8	4	9	6	7	3	1	5
3	5	6	2	4	1	8	7	9
8	3	2	4	1	9	5	6	7
9	7	5	6	2	8	1	4	3
4	6	1	7	3	5	9	8	2
5	2	7	8	9	6	4	3	1
6	9	3	1	7	4	2	5	8
1	4	8	3	5	2	7	9	6

puzzle 134

puzzle 135

1	6	2	8	3	4	5	9	7
5	4	8	1	9	7	2	3	6
3	7	9	5	2	6	1	4	8
9	8	5	4	7	3	6	1	2
7	3	6	2	8	1	9	5	4
2	1	4	9	6	5	8	7	3
8	5	7	6	4	9	3	2	1
6	9	3	7	1	2	4	8	5
4	2	1	3	5	8	7	6	9

6	7	1	8	3	4	5	2	9
8	5	2	9	7	1	6	3	4
9	3	4	6	5	2	7	8	1
4	6	8	7	9	3	2	1	5
3	2	5	1	4	6	9	7	8
7	1	9	2	8	5	3	4	6
2	4	6	3	1	9	8	5	7
5	9	7	4	2	8	1	6	3
1	8	3	5	6	7	4	9	2

puzzle 136

217

puzzle 137

9	8	2	5	3	6	1	4	7
6	5	4	1	9	7	3	2	8
7	3	1	2	4	8	9	6	5
4	2	5	8	1	9	7	3	6
8	6	9	7	2	3	4	5	1
3	1	7	4	6	5	8	9	2
5	4	6	3	8	1	2	7	9
2	9	8	6	7	4	5	1	3
1	7	3	9	5	2	6	8	4

puzzle 138

8	5	6	4	7	1	9	2	3
3	1	9	8	5	2	7	6	4
2	4	7	3	6	9	1	5	8
4	2	1	7	9	6	8	3	5
9	3	8	2	4	5	6	7	1
7	6	5	1	8	3	4	9	2
1	9	2	6	3	4	5	8	7
5	7	3	9	1	8	2	4	6
6	8	4	5	2	7	3	1	9

puzzle 139

5	8	9	4	3	6	2	7	1
1	4	7	8	2	5	6	3	9
2	3	6	9	1	7	4	5	8
6	1	4	2	8	3	5	9	7
7	9	8	5	4	1	3	6	2
3	2	5	7	6	9	1	8	4
8	6	2	3	9	4	7	1	5
4	7	3	1	5	8	9	2	6
9	5	1	6	7	2	8	4	3

1	7	6	9	4	5	2	3	8
5	9	2	8	3	7	1	6	4
8	3	4	6	1	2	9	5	7
9	5	1	4	7	8	6	2	3
4	2	3	1	9	6	7	8	5
7	6	8	5	2	3	4	9	1
2	8	7	3	6	4	5	1	9
3	4	9	2	5	1	8	7	6
6	1	5	7	8	9	3	4	2

puzzle 140

puzzle 141

1	2	9	8	7	4	5	3	6
4	8	7	5	3	6	9	1	2
3	5	6	2	9	1	4	8	7
9	3	2	1	5	7	8	6	4
6	7	1	4	8	9	3	2	5
8	4	5	6	2	3	7	9	1
7	1	4	3	6	8	2	5	9
2	9	3	7	1	5	6	4	8
5	6	8	9	4	2	1	7	3

8	9	7	1	3	5	4	2	6
4	6	5	9	8	2	7	3	1
1	3	2	6	7	4	5	8	9
7	8	3	2	1	9	6	5	4
2	5	1	7	4	6	8	9	3
9	4	6	3	5	8	1	7	2
5	2	9	8	6	1	3	4	7
6	7	4	5	2	3	9	1	8
3	1	8	4	9	7	2	6	5

puzzle 142

puzzle 143

3	9	8	4	2	6	1	7	5
4	2	1	5	8	7	6	3	9
7	6	5	9	1	3	4	8	2
8	5	7	2	6	4	9	1	3
1	3	2	8	9	5	7	4	6
9	4	6	7	3	1	2	5	8
2	8	4	1	5	9	3	6	7
5	7	3	6	4	2	8	9	1
6	1	9	3	7	8	5	2	4

puzzle 144

5	7	9	2	4	8	1	3	6
8	3	2	6	1	7	5	4	9
6	1	4	9	5	3	2	8	7
9	2	8	3	7	4	6	5	1
1	5	6	8	9	2	4	7	3
3	4	7	1	6	5	9	2	8
2	9	3	4	8	6	7	1	5
7	8	1	5	2	9	3	6	4
4	6	5	7	3	1	8	9	2

puzzle 145

2	5	6	8	1	7	4	3	9
7	8	9	3	4	5	1	6	2
1	3	4	2	6	9	5	7	8
6	4	2	9	3	1	8	5	7
3	7	5	6	8	2	9	4	1
8	9	1	5	7	4	3	2	6
5	1	8	4	2	6	7	9	3
4	6	7	1	9	3	2	8	5
9	2	3	7	5	8	6	1	4

puzzle 146

8	4	7	6	2	1	9	3	5
2	5	6	9	8	3	1	7	4
3	1	9	5	7	4	2	8	6
4	3	2	1	5	8	6	9	7
9	7	8	4	6	2	3	5	1
1	6	5	3	9	7	8	4	2
7	8	3	2	4	6	5	1	9
5	2	4	8	1	9	7	6	3
6	9	1	7	3	5	4	2	8

puzzle 147

4	3	1	6	2	9	5	8	7
2	9	7	5	8	3	1	4	6
5	6	8	7	4	1	2	9	3
8	5	2	9	3	6	7	1	4
7	4	3	2	1	5	8	6	9
9	1	6	4	7	8	3	2	5
6	2	9	8	5	7	4	3	1
3	8	5	1	9	4	6	7	2
1	7	4	3	6	2	9	5	8

puzzle 148

4	5	1	2	3	9	7	6	8
2	6	8	5	7	1	3	4	9
7	3	9	8	4	6	2	1	5
6	8	2	1	5	3	4	9	7
3	9	4	6	2	7	5	8	1
1	7	5	4	9	8	6	3	2
9	1	7	3	6	5	8	2	4
5	4	6	9	8	2	1	7	3
8	2	3	7	1	4	9	5	6

puzzle 149

9	5	1	2	6	4	3	7	8
3	8	4	9	7	5	6	2	1
6	7	2	3	1	8	9	5	4
8	1	7	6	5	3	2	4	9
2	3	5	1	4	9	7	8	6
4	9	6	7	8	2	5	1	3
1	2	3	8	9	7	4	6	5
7	4	8	5	3	6	1	9	2
5	6	9	4	2	1	8	3	7

puzzle 150

3	2	7	8	1	5	9	4	6
8	6	1	9	3	4	2	5	7
5	9	4	2	6	7	1	8	3
7	1	9	6	8	3	4	2	5
2	4	3	7	5	9	8	6	1
6	8	5	4	2	1	3	7	9
4	7	6	1	9	2	5	3	8
1	3	8	5	4	6	7	9	2
9	5	2	3	7	8	6	1	4

puzzle 151

8	6	9	5	4	1	3	7	2
4	7	3	9	8	2	5	1	6
5	1	2	3	6	7	8	9	4
6	2	7	1	5	4	9	3	8
9	4	5	8	3	6	1	2	7
3	8	1	7	2	9	6	4	5
1	3	6	4	7	8	2	5	9
2	5	4	6	9	3	7	8	1
7	9	8	2	1	5	4	6	3

The Kids' Book of Sudoku! 1
$5.99/$7.99 CAN
ISBN-13: 978-1-4169-1761-8
ISBN-10: 1-4169-1761-6
paperback

The Kids' Book of Sudoku! 2
$5.99/$7.99 CAN
ISBN-13: 978-1-4169-1789-2
ISBN-10: 1-4169-1789-6
paperback

The Kids' Book of Kakuro!
$5.99/$7.99 CAN
ISBN-13: 978-1-4169-2732-7
ISBN-10: 1-4169-2732-8
paperback

The Kids' Book of Hanjie!
$5.99/$7.99 CAN
ISBN-13: 978-1-4169-4029-6
ISBN-10: 1-4169-4029-4
paperback

The Kids' Book of
Number Puzzles!
$5.99/$7.99 CAN
ISBN-13: 978-1-4169-2733-4
ISBN-10: 1-4169-2733-6
paperback

An imprint of Simon & Schuster
Children's Publishing Division
1230 Avenue of the Americas
New York, New York 10020

VISIT OUR WEBSITE:
www.SimonSaysKids.com